JN418344

아름다운 날들

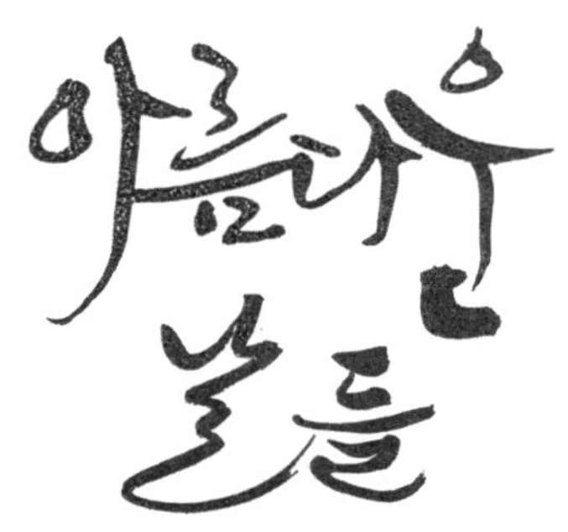

이기호 수필집

인간과문학사

책머리에

나는 힘들게, 다른 사람까지 힘들게 하며 살았다. 그런데 이상하다. 참기 힘든 고난의 시기였는데도 돌아보니 그 시간들이 아름답다. 고향에서의 어린 날들이 그렇고 서울에서의 삶이 그렇다. 시집살이 이십삼 년이 그렇고 늦깎이로 들어간 숙대에서의 4년과 중앙대 예술대학원 시창작 공부가 그렇다.

조부모, 부모, 오빠와 올케와 조카들과 십 남매가 살던 고향은 꿈속 같았다. 생활은 초가지붕 추녀 끝 지지랑물*빛 같았어도 마음은 명개**같이 늘 은하수를 바라보며 살았다.

상정리 오서산, 서해의 등대인 오서산은 반공半空에 외연巍然히 솟아있었다. 복신굴의 전설이 살아 숨 쉬는 오서산 등성이를 넘어가는 저녁햇살을 받으며 풀어헤친 서해바다의 긴 치맛자락에는 붉은 물이 들어있었다. 그 설렘에서 내 키가 자랐다.

구舊 장터 냇가, 상지냇가—들녘 아침 햇살에 빛나던 거미줄과 이슬 그리고 들녘으로 따리 틀던 오포소리는 영원한 내 시의 주제다.

밥 먹으라고 내 이름을 부르던 반가운 목소리는 자치기하고, 공깃돌 놀이하던 김동례네, 방영희네, 노순애네 마당을 지나 지금은 어느 하늘가를 맴돌고 있을까.

숙대에서의 4년은 빛나는 도전의 시기였다. 젊은 학생들에게서 순수를 배웠고, 교수님들로부터는 학문에 대한 열정을 배웠다. 공부하고 싶던 열망을 충족시켜 준 숙대, 숙대는 영원히 푸르리라.

두 사람만 좋아서 시작한 결혼이었기에 저고리 소매에 눈물 마를 날 없던 시집살이도 공부의 열정에 들떠 지내던 시간들도 이젠 과거의 속으로 돌아갔다. 그러나 나는 안다. 거기서 새로운 내 시간의 알이 곧 태어날 것을.***

힘든 시집살이였지만 그 과정에서 부족하나마 지금의 내가 되었다는 생각을 한다. 돌아보면 다 후회뿐이지만 시집살이가 나를 활인活人시켜 준 것이다. 그 후회에서 사색의 균사가 자라났다.

내가 작가였던 것이 전생에 있었나, 시심詩心이 처음 나를 찾아온 아침은 정녕 아름다웠다.

고향의 언어와 시어머니의 언어와 우리말을 오래 사랑할 것이다.

2015년 1월 이기호

* 비가 온 뒤에 썩은 초가집 처마에서 떨어지는 검붉은 빛깔의 낙숫물

** 갯가나 흙탕물이 지나간 자리에 앉은 검고 고운 흙.

*** 강신옥문우와 이경애문우께서 살아계셨다면 이 책의 발간을 무척 기뻐하셨을 것이다. 다시 한 번 두 분의 명복을 빈다.

차례

제2장 고추 당추 맵다 해도

제3장 시집살이는 축복이다 –하나님, 나의 하나님

제4장 내 사색의 창

제5장 숙명시대

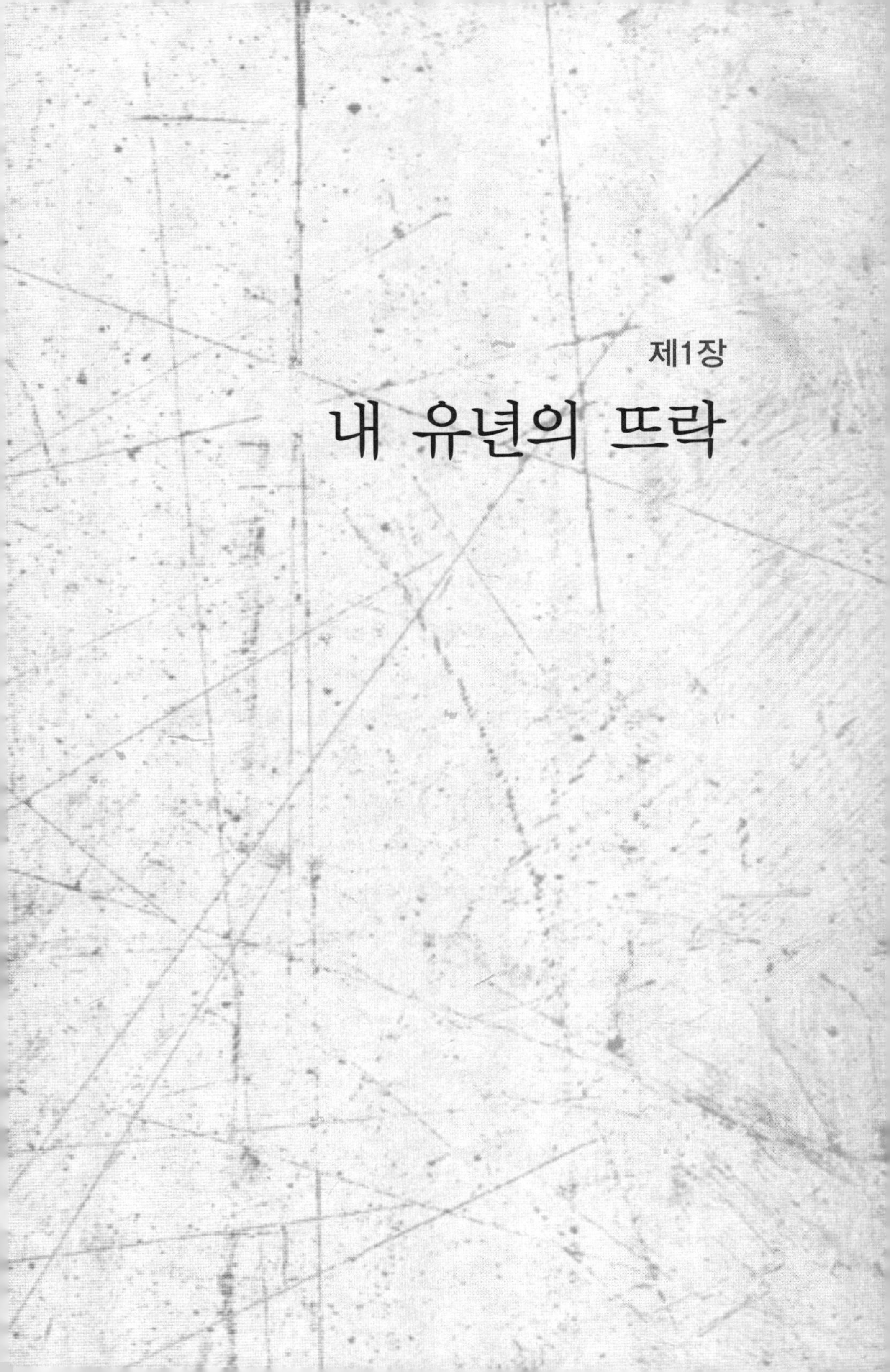

제1장

내 유년의 뜨락

광전 구舊장터를 아시나요

우리 집 사립문을 밀치고 나와 북쪽을 향하여 나 있는 신작로를 삼 분쯤 걸어 올라가야 합니다. 거기 오른쪽에 내 친구 방영희네 공립병원이 있고, 조금 더 올라가면 왼쪽으로 광천우체국이 나오는데 거기가 이른바 광천에서 사장 번화했던 사거리랍니다.

그곳으로부터 곧게 뻗은 길 오른쪽에는 친구 한명숙이네 삼일상회가, 왼쪽으로는 또 친구 우종원이네 동화약방이 코너를 지키고 있는데 그 코너를 끼고 죽 올라가면 내가 다녔던 광천중학교가 보입니다. 이름도 반가운 그곳에서 다시 왼쪽으로 먼지 나는 보얀 둑길을 걸어 올라가면 그곳에 일망무제로 한 눈에 들어오는 넓은 내[川]가 있습니다. 이곳이 바로 옛 장터였던 구舊장터라는 곳입니다.

이제 아셨나요?

제방으로 둘러싸인 보洑는 풍부한 수량을 자랑하며 논을 끼고 누워있고, 보에서 시원스럽게 폭포를 이루며 떨어지는 물줄기는 냇가로 굽이쳐 흘러내립니다. 냇가의 양쪽 가로는 빨래를 비비고 빨기에 좋을 성싶은 널찍한 돌팍(돌)들이 즐비하고 그 돌 주위에는 또 작은 돌들이 마치 엄마 품에 안겨있는 젖먹이들의 형상을 하고서 끊이지 않고 이어져 있습니다.

걱실걱실한 큰언니의 결혼날짜를 받은 다음이었습니다. 똬리 위에 빨래자배기를 이고 구장터 가는 언니와 엄마 뒤를 나는 누런 잿물비누가 든 비눗갑을 들고 따라갔습니다. 둑 밑으로 난 작은 비탈길을 조심조심 내려가서 빨랫돌을 서넛 차지하고는 빨래를 시작하였습니다. 저 위 저수지 바로 밑으로부터 저 아래 다리 밑까지 사람들이 늘어앉아서 빨래들을 하였지만 물은 어느 곳이나 깨끗하였습니다. 광천 사람들의 고운 마음, 고향의 순수가 맑은 물로 굽이쳐 흘러 내려왔습니다.

엄마와 언니는 광목을 애벌 빤 다음 모래밭으로 갔습니다. 모래밭에는 꼭짓집이라고, 광목빨래를 삶거나 검정 또는 빨간색으로 염색하는 곳이 있었습니다. 커다란 화덕에서 뿜어져 나오는 불길은 대낮의 햇살 아래에서 하얀 빛을 띄우며 너울거렸고, 가마솥 속에서는 빨래들이 푹푹 삶아지고 있었습니다.

빨래가 끓어 넘쳐 소댕이 들썩거리고 다 삶아진 빨래에서 양잿물의 구수한 냄새가 넓은 냇가를 휘감았습니다. 엄마가 삯을 내고는 그것을 가져다가 돌팍 위에 올려놓고 방망이질을 하기 시작하셨습니다.

찰싹찰싹 팡팡, 찰싹찰싹 팡팡

방망이질 소리는 꺼먹고무신으로 송사리 잡는 머슴애들의 발목 적시는 냇물을 건너고, 조약돌로 밥을 짓고 모래로 두꺼비집을 지으며 놀고 있는 여자아이들의 모래밭을 지나 호드기 소리에 한 뼘 더 늘어지는 버드나무 위로 파문을 던지며 날아갔습니다.

버들잎이 뚝 떨어졌습니다. 떨어진 나뭇잎이 물가를 맴돌았습니다. 물가를 맴돌던 방망이 소리는 분꽃이 피면 보리쌀을 곱삶는 순한 이웃마을을 향해 멀리멀리 떠났습니다. 억새밭이 있는 오서산烏棲山 아랫마을, 삼분리에 다다르면 거기서 하룻밤을 지내겠지요.

언니는 우리들의 옷을 빨고, 나는 끊어진 전구를 발꿈치에 넣고 기워서 두툼해진 동생들의 목(면)양말을 주물럭거렸습니다. 엄마는 삶아 빤 광목을 '쉬'하는 소리를 내며 흐르는 물에 헹구셨습니다.

물을 만난 광목은 기다란 백어白魚였습니다. 백어는 꿈틀거리며 물을 따라 내려가려 했습니다. 우리들의 가난이야 이렇게 씻은 듯 부신 듯 흘러가야 하지만 우리들의 꿈이야 흘러가면 어쩌나요. 엄마와 언니는 재빨리 물고기의 머리와 꼬리를 붙잡았습니다. 그리고는 서로 반대편 방향으로 있는 힘껏 비틀어대었습니다. 언니의 기운이 달리는지 엄마 쪽으로 당겨집니다. 그것을 보고 웃다가 비틀리는 물고기를 보고는 침울해졌습니다. 어른들은 아픔도 모르나 봐요. 그냥 살짝 건지면 좋을 텐데 말이에요.

자유를 잃은 백어白魚는 한낱 주검이 되어 토끼풀과 강아지풀이 우거져 풀숲을 이룬 논둑 위에 널리게 되었습니다. 원시를 살던 광목이 바래기작업을 통하여 새하얀 광목으로의 탈바꿈—통과제례를 치르기 위해 거기 그렇게 누워있어야 했던 거지요. 흰꽃인 줄 알고 나풀나풀 날아왔던 노랑나비가 씁쓸하게 발길을 돌립니다. 이때 어디로서인지 산들바람이 불어 왔습니다. 구름 사이로는 햇살이 터져 나왔습니다. 이것들을 받아 광합성을 끝냈을까요, 광목이 꽃으로 피어났습니다. 아니에요. 내 눈에는 날개를 펄럭이는 흰나비로 보였어요. 흰나비는 봄바람을 타고 무수한 날개 비늘을 떨어뜨리면서 하늘로 하늘로 날아올랐습니다. 나는 정신을 잃고 저 멀리 가뭇없는 점을 뒤쫓고 있었습니다.

집에는 안 갈래? 그때 퍼뜩 정신이 들어 둑 위를 보니 또 다른 순백의 얼굴로 태어난 광목이 차곡차곡 개켜지고 있었습니다.

이제는 집으로 돌아가야지요. 엄마와 언니는 하얀 광목을 베보자기에 고이 싸고 나는 헹군 빨래들을 자배기에 담습니다. 언니야 자기의 고운 꿈인 그것을 어서 가지고 집에 돌아가고 싶을 테지만 나는 게검스럽게도 구舊장터 냇물을 두고 가기 서운하여 선뜻 몸을 일으키지 아니했습니다. 그냥 일어서기 허수해서 괜스레 발도 한 번 더 담가보고 손도 한 번 더 담가보았습니다. 그래도 성에 덜 차서 꺼먹고무신을 물에 설렁설렁 흔들어도 보았습니다. 그러자 옆에 앉아있던 할머니께서 말씀하시더군요. 물 욕심 너무 내면 이 다음에 지옥 가서 그 물을 다 마셔야 된다고요.

어린 마음에도 지옥 간다는 말은 싫었습니다. 나는 베보자기를 이고 가는 엄마와 자배기를 이고 가는 언니의 뒤를 물이 덜 빠져 쭐그덕거리는 고무신을 신고 줄남생이처럼 졸졸 따라갔습니다.

뽀얀 둑길의 흙먼지도 고무신과 내 발 위에 곱게 내려앉아 나를 따라왔습니다.

그렇게 물 욕심이 많았지만 나는 지금 마음만 부자랍니다. 마음속에 고향에 대한 넘치는 그리움이 있으니까요. 정말 고향의 냇물에 손과 발을 다시 한 번 담가도 보고 고향, 그 넉넉한 품에 다시 한 번 안겨도 보고 싶습니다. 그러나 그렇게 어리던 내가 이제 오십을 바라보게 되었는데 물인들 고향인들 어찌 그대로 있기를 바라겠습니까? 그저 마음속에나 그려볼 뿐입니다. 이제 아셨나요? 구舊장터와 고향 그리는 제 마음을 아셨나요.

그러나 변하였을 고향을 생각하면, 고향 사람들이 떠나간 뒤 그들에 대한 그리움으로 물줄기를 말리고 허위허위 흐를 구舊장터를 생각하면 나의 그리운 구舊장터란 이렇듯 안타까운 넋두리로나 끝날 모양입니다.

안됩니다. 절대로 안 됩니다. 어린 내 고향을 그리 되게 놔 둘 수는 없습니다. 나는 이 밤 넘치는 물을 길어다가 구舊장터에 붓습니다.

(1995년 3월, ≪에세이문학≫ 신인상)

내 마음의 뜰

저녁신문을 뒤적이다가 '가을 정취 물씬한 등산 안내'라는 기사에 눈이 갔다.

오서산이란다. 오서산? 아니 오서산이라니, 바로 그 산이 아니냐? 하룬들 잊은 적 없는 내 고향 광천의 오서산이 아니냐? 나는 내 눈 속에, 내 마음속에 꼭꼭 담아두고 싶어 어머니의 손금같이 골이 파인 고향 지도를 들여다보고 또 들여다보고 하였다.

오서산, 그는 사람들을 보내고 맞으며 그 가슴으로 얼마나 많은 기쁨과 슬픔이 소용돌이 쳤을까

지난 오월이었다. 뜰 안 벚나무에 살충제를 뿌렸더니 잎들이 누레진 후 다 떨어져 내리고 말았다. 며칠 후 잎이 새로 돋아 오른 건 진정 환희였는데 고향의 억새풀더미가 그대로 있다는 건 벚나무보다 더한 경이로움이었다.

춘궁기 보릿고개를 어렵사리 넘긴 내 고향 오서산烏棲山에도 봄

은 찾아왔다. 진달래가 이 산 저 산 날아다니는 산불처럼 피어나고, 양지바른 무덤가엔 솜털 보송한 할미꽃이 피어났다. 아욱줄기나 고구마줄기처럼 껍질을 벗기고 마디마디 뚝뚝 끊어먹는 신맛 나는 셩(싱아)과 삐비가 제철을 여의고 나면 원두막에 여름이 오고 방학 숙제로 식물채집을 끝내면 상지냇가의 고추잠자리와 신작로 코스모스와 들녘 메뚜기들의 세상이 찾아왔다. 그때쯤 우리들은 오서산으로 소풍을 갔다. 싸가지고 가는 것이라야 김치 서너 쪼가리, 엄마의 안개눈썹 같은 반달모양의 단무지 몇 점, 꼬들꼬들한 참외장아찌와 찐 고구마 두 개, 사과 통놈 한 개가 고작이었지만 다른 건 몰라도 사과 통놈 한 개는 다분히 성찬이었다. 학용품과 마찬가지로 그때에는 과일도 무척 귀해서 형제가 여럿인 우리 집에서 사과 한 개를 혼자 다 먹는다는 것은 상상조차 할 수 없는 일이었다. 그나마도 명절 때나 되어야 구경을 했는데 사분지 일이면 평년작이요, 이분지 일이면 횡재였다. 그러니 이만하면 내겐 진수성찬이라 이따가 점심 먹고 나서 실시한다는 보물찾기보다는 이 사과 통놈 한 개를 얼른 깨물어 먹을 생각에 입안의 침이 다 마를 지경이었다. 점심시간이 되기가 무섭게 정암사 우물곁에 앉아 밥과 사과를 먹어버리고는 아이들의 웃고 떠드는 소리를 뒤로 산꼭대기로 올라갔다.

내가 사는 동네가 이 세상의 전부인 줄 알고, 나는 언제까지나 어린애로만 있는 줄 알았던 그때 산 너머에도 내가 사는 동네와 똑같은 마을이 있는 걸 보고 여간 실망하지 않았다. 먼 후일 그 산 너머 도시가 눈물뿐이라는 것을 꿈에도 생각하지 못하던 그때

산 너머에는 어떤 미지의 세계나 행복, 이상 뭐 그런 이름하는 것들이 있는 줄만 알았다.

서글픈 마음으로 이곳저곳을 쏘다녔다. 꼭대기엔 다복솔이 다보록하고, 진달래는 다시금 꽃을 피우듯 잎새를 빨갛게 물들이고 씨 따러 다녔던 싸리나무들도 누런 천지를 이루고 있었다. 돌아다니는 일에도 싫증이 나고 보물찾기도 궁금하고, 그리고 아이들이 나를 찾을까 걱정도 되고 하여 산등성이로 내려섰다. 그런데 그만 너무 서두르는 바람에 한 발을 헛디뎌 비탈길을 내리닫게 되었다. 등에서는 쇠젓가락과 양은도시락이 부딪는 소리가 달그락거리고, 비탈길은 계속되고, 아래로는 수백 길 낭떠러지가 있는데도 발걸음이 멈춰지지 않았다. 이대로 내리닫다가는 저 멀리 뵈는 서해바다로까지 굴러갈 것 같아 등에서 진땀이 났다. 일행에서 빠져 나온 것을 후회할 겨를도 없이 그저 어디에서든 멈춰서야 한다는 생각뿐이었다. 그때 너무도 무서워 '엄마야' 하고 무심코 엎어진 곳, 그 곳은 억새풀이 무리를 지어서 자라는, 능선 앞에 펼쳐져 있는 억새 벌판이었다.

고꾸라지기는 했으나 많이 다치지 않았다. 관성과 가속도의 위험에서 나를 보호해주고, 안아주고, 어루만져 준 억새풀 꽃밭, 뉘엿뉘엿 지는 석양에 반짝거리면서 가을바람에 이리 저리 휘날리던 아름답고도 가녀린 억새꽃밭.

내가 고향을 떠난 후엔 어디에도 그 오서산의 갈대밭같이 나를 어루만져 주고 감싸주는 곳은 없었다. 그때부터 내 마음 속에는 조그만 뜨락 하나가 자리잡게 되었다. 그것은 외롭고, 고달프고,

슬퍼질 때, 그리고 나의 소녀가 그리워질 때마다 가만히 창을 열고 몰래 들여다보던 나만의 뜨락이었다. 그리고 언제부터인지 그곳엔 〈큰 바위 얼굴〉의 '어네스트'처럼 오서산 닮은 사람이 나타나기를 기다리는 희망도 자라고 있었다. 나는 그 사람을 기다린다. 억새꽃이 바람에 휘날리는 그 곳의 사람, 오서산 산자락같이 서늘한 그 사람을.

나이 먹을수록 아내가 소중해진다는 그이에게 한번 졸라야지. 억새꽃이 석양에 은빛세상을 이루고, 내가 태어난 광천읍과 홍성읍이 한눈에 들어오는, 발아래 펼쳐진 서해의 등대燈臺, 광천 오서산, 그곳에 나를 데려가 달라고.

그러나 누가 알았으랴, 내 마음 뜨락에는 어느덧 억새꽃이 만발해 있는 것을.

(1993. 11. 23. ≪에세이문학≫ 수록)

아버지

선친은 흙에 진실하였다. 흙은 땀 흘린 대로 준다는 것을, 뿌린 대로 거둔다는 것을 몸소 실천해 보였다. 실제로 선친께서 재배하였던 농작물은 다른 논밭의 어쩐 작물보다도 소출이 높고 작황이 좋았다. 땅을 사랑하였기에 농약은 말할 것도 없고 화학비료도 적게 뿌렸다. 벌레들을 손으로 일일이 잡아내었다. 뒷마당에 가득했던 퇴비며 밭 둔덕의 재灰, 그리고 밭 가운데 두엄터를 만들어 똥장군을 지게로 져다 넣고 썩혀서 밭에 뿌리곤 하였다.

많은 식구를 거느리고 살자면 무엇보다도 부지런해야 한다고 별이 뜨는 새벽에 일어나 나가시고 저녁에도 별이 떠올라야 집으로 돌아오셨다. 별이 총총한 밤, 적막과 어둠에 싸인 들녘에서 상지냇갈(냇가) 물을 퍼서 가물어 쩍쩍 엉그름 간 논에 새벽을 맞기까지 용두레질을 하던 아버지의 모습은 내 뇌리에 각인된 오래 된 영상이다.

농작물을 팔아서 가용家用으로 쓰기도, 우리들 십남매의 월사금으로 주기도 하였는데 그럴 때마다 우리들은 일렬로 줄을 서서 돈을 받았다. 아버지는 그렇게 키운 것을 팔 때마다 서운한 기색을 감추지 않았고, 우리들도 우리들의 피와 땀으로 가꾼, 우리의 분신과도 같은 그것들이 우리 곁을 떠나는 것이, 언제나 생각보다 낮은 가격으로, 밭떼기로, 입도선매立稻先賣로 팔려나가는 것이 서글펐다. 지금도 시장에 나가 채소를 살 때마다 그때의 마음을 돌이켜보며 농부들의 아픈 마음을 생각한다.

어렸을 때 여름방학이 되면 나는 옆집의 순애와 같이 광천장로교회의 하기성경학교라는 데를 갔다. 거기서 감명 깊게 들은 건 거인 삼손(Samson)에 대한 것이었다. "먹는 자에게서 먹는 것이 나오고, 강한 자에게서 단 것이 나오"게 한 삼손, 그 삼손 이야기를 들을 때마다 아버지를 떠올리곤 했다.

아버지는 도목수 한 사람만을 데리고 집을 지었다. 아버지가 직접 시공, 설계를 한 것이다. 초가집도, 양철집도 지었는데 앞마당, 뒷마당이 있고, 마당 가운데 우물이 있었다. 지관地官을 데려다가 수맥을 잡아서 일꾼과 함께 아버지가 판 우리 집 우물은 인근에서 으뜸이었다. 토방이 있고, 대청이 있고, 부엌, 사랑방, 헛간과 돼지우리가 있던 우리 집이 돌아가신 아버지와 함께 다시금 그립다.

집도 지었지만 여름이면 참외밭 가운데에 원두막도 지었다. 사방으로 문을 열 수 있게 만든 그 안에서 참외를 먹고, 무더위를 피하기 위해서 낮잠을 자기도 했다. 사닥다리를 타고 올라가던 꿈 같은 원두막, 밤에는 은하수의 별들이 아주 가까이에서 한껏 아름답게 빛나던 곳, 참외 잎 검게 빛나던 참외밭에서 훅하고 끼쳐오던 참외 익어가던 냄새- 우리 아버지는 어린 우리들에게 동화의 나라를 만들어주었던 것이다.

아버지 곁에 누워 앞 논의 개구리 울음소리를 들으며 원두막을 지키던 시절, 참외밭 고랑에는 참외를 먹고 우리들이 배설해놓은 서 너 개의 대변무더기가 있었다. 그 위에서 벌치 같은 참외 싹이 돋아나오기도 하던 그때, 달님도 화안히 빛을 내려 보내 주던 그 때는 어머니, 아버지도 젊으셨던 은혜의 나날이었다.

이사를 가게 되면 아버지께서는 또 손수 집을 헐어내고 헐어낸 그 재료를 고스란히 옮겨가 헐어내었던 집과 똑같이 집을 지었다. 그 놀라운 지혜, 솜씨, 아버지가 아니고서는 그렇게 할 수 없을 것이라고 어린 나는 생각했다. 한 번은 홍수가 나서 상지들녘이 다 물에 잠겼다. 철둑 너머 냇갈 건너에 있던 우리 논의 둑도 물에 휩쓸려 유실되었다. 그때 아버지와 우리 형제들은 개미역사役事로 먼저 둑보다 더 견고한 둑을 쌓았다. 그 둑에 씨를 뿌리고 잔디를 입혀 가을에는 콩이 자라고 봄이면 할미꽃도 피고, 나승개(냉이), 쑥도, 삐비(삘기), 셩(싱아)도 자랐다. 아버지께 점심과 참을 갖다드리던 가을날, 아버지의 고수레- 하는 소리를 들으며 나는 그 둑에 누워 맑고 파란 가을하늘과 파란 하늘을 빨갛게 수놓던 고추잠자리를 바라보았다. 내 고운 꿈을 그리어서 구름 속에 감추기도 했다. 그러다가 무심한 바람이 불어와 구름이 흩어지면 슬프던 그 날은 두 번 다시 돌아올 수 없는 과거의 시간이나 어디에도 견줄 수 없는 아름다운 날들이었다. 지금쯤은 쑥도 그 둑에다 뿌리를 내렸으리라.

겨울철 농한기에는 산내끼(새끼)도 꼬고, 초가지붕에 용구새를 새로 틀어 얹고 때때로 이웃마을로 시조창을 부르러 가곤 하였는데 돌아오는 아버지의 손에는 늘 박하사탕이 들어있었다. 아버지 마중을 나가는 밤, 지상에는 아주 행복한 두 개의 긴 그림자가 드리워졌다. 아버지의 사탕봉지 속에는 세상 돌아가는 이야기와 꼬꼬지 이야기도 가득 들어있어서 우리들은 졸린 눈을 비비며 아버지의 얘기에 귀를 기울이는 것이었다. 당시 동아일보에 연재 중이던 〈성군星群-수호지〉과 다른 기사도 아버지께 읽어드려서 나는 일찍부터 한자와 다른 많은 상식도 얻게 되었는데 다 아버지 덕분이었다.

그러나 내가 돈을 벌게 되었을 때 내가 아버지께 해드린 건 환갑잔치를 해드린 것이 전부였다. 서울의 국일관에서 아버지의 친지분들과 함께 잔치를 하였기 때문에 지금도 그 앞을 지나려면 가슴이 아프다. 그 뒤로는 아버지의 마음을 아프게만 해드렸다. 내가 더 오래 직장을 다녔더라면 아버지께서 그렇게 많은 고생을 안 하셨을 것이고 우리 집도 그렇게 기울어지지는 않았을 것을 생각하면 가슴은 아프다 못해 저리다. 요즘 그것을 생각하며 밤잠을 설치기 일쑤다. 불효란 이렇게 아름다운 것이 아니다.

그뿐인가. 오빠도 직장을 그만두고 시작한 여러 사업으로 우리 집 논과 밭은 팔려나갔고 거기에 따라 아버지의 기운도 쇠하여갔다. 그 많던 논과 밭, 집을 다 정리하여 오빠가 있는 인천으로 올라오신 후론 늘그막 병마에 시달리셨다. 고향을 떠나 타관의 두간

모옥斗間茅屋에서 지내시는 모습은 참으로 쓸쓸해 보였다. 결혼해서 십 수 년간 아버지의 생신날에 한 번도 찾아가 뵙지 못한 딸, 아버지는 농작물을 가꾸시듯 우리들을 키우셨건만 우리들은, 특히 나는 가장 아버지의 마음을 아프게 해드린 딸이었다. 이렇게 후회의 글을 쓰는 것으로 그 회한이 감해지는 것이라면 나는 죽을 때까지 팔이 떨어질 때까지 글품쟁이가 될 것이다.

십 년도 넘게 중풍을 앓으신 아버지, 그제서야 뵈러 간 내게, 저 아주머니는 누구냐고 하시던 아버지, 애덜 땜에 얼른 가봐야지 하던 아버지……. 정신이 맑으셨을 때는 친정에 가서 낳은 막내아이 수명장수 하라고 그 애를 부엌으로 해서 방으로 데리고 들어오도록 하였다. 당시(1977년) TBC에서 방영 중이던 ≪청실홍실≫의 지선이(장미희 분扮)보다 우리 막내딸이 더 예쁘다고 하던 아버지, 그 드라마의 주제가와 탤런트 김세윤, 예쁜 정윤희도 출연했던 옛 드라마의 기억은 늘 나를 슬프게 한다. 그러나 방에 밴 대소변 냄새, 십 년 넘게 대소변 받아내시는 어머니를 보면서 차라리 아버지께서 돌아가시는 게 낫다고 생각한 나는, 나를 이 세상에 있게 한 아버지의 가장 사랑한 딸이었다. 그 딸이 지금 잠을 이루지 못하면서 생각한다. 아버지께서 십 년만 더 사셨더라면 나는 효도를 할 수 있었을 것이라고, 아버지께서 내게 베푸신 사랑의 백 만 분지 일이라도 되돌려 드릴 수 있었을 것이라고…….

그토록 애정을 쏟으셨던 광천 땅도 아니고, 할아버지의 곁도 아니고 인생은 부평초라던가, 생면부지의 부평의 묘지에 잠들어계신 아버지, 그래도 아버지의 주검에서 낙원에 가셨으리란 확신이 있었다는 것을 나는 다행으로 생각해도 되는 걸까.

고부간 갈등으로 친정에 간 철없는 내게 '어떤 며느리가 시어미를 미워했단다. 그러자 미운 시어머니를 살찌게 만들어서 팔라는 한 현자의 말을 듣고는 정말 살이 찌도록 봉양하였는데 그러는 사이 정이 들어서 시어머니를 사랑하게 되었다'는 옛날이야기를 해주시며 참고 살라고 하던 아버지, 어머니가 죽음의 순간에 자식을 찾아오듯이 당신 닮은 사위를 딸에게 데려다 주시고 그토록 진실하였던 흙으로 마침내 아버지의 시간을 묻으신 아버지. 아버지는 지금도 아버지의 동그란 땅 위에 아름다운 것들을 피워내고 계시다.

어머니

지금 77세의 노령에도 여전히 분결같은 얼굴과 자태를 가진 어머니다. 아버지 생전엔 아버지로부터 지극한 사랑을 받으셨건만 지금은 홀로 노후를 보내시는 어머니가 서산으로 기우는 낙조落照와 같아 서글프기 그지없다.

어머니는 외동딸이었다. 그래서 외할아버지는 비만 와도, 바람만 불어도 어머니를 학교에 가지 못하게 했다고 한다. 그래서 또 세상지식에는 많이 부족하지만 나는 이 세상에서 우리 어머니가 어느 누구보다도 훌륭한 분이라고 생각한다. 지식이 많은 사람은 이것저것 따지느라 절대로 그러한 희생을 감내하지 못한다. 모든 것을 줄 수 있기에 외동딸의 몸인데도 십남매를 낳아 기른 것이다. 가세가 풍족했던 것도 아니요, 일이 없는 집안도 아니요, 많은 농사에 성질 급하시기가 벼락불 같으셨던 아버지 받들면서 나의 할아버지와 서시모庶媤母셨던 우리 할머니까지 모시고서 말이다.

그뿐인가, 하나 뿐인 시누이, 우리 고모는 그야말로 방짜 시누이 노릇을 했다 잖는가.

나는 학교에서 돌아오면 언제나 엄마를 부르면서 대문 안에 들어서곤 했다. 그러다가 엄마가 안 보이면 온 동네를 찾아다녔다. 기어이 엄마를 보아야만 나는 숙제를 하고 놀기도 했다. 밑으로 동생이 많아서 엄마의 모습은 늘 아기를 안고 계신 것이었다. 젖먹는 동생을 밀치고 엄마 품에 코를 비비면 엄마냄새가 났다. 지금 내 아이들도 내게서 엄마냄새가 난다고 하지만 우리 엄마의 냄새가 진짜 엄마냄새다. 어린 시절 나는 그 냄새 속에서 눈을 뜨고 그 냄새 속에서 잠을 잤다.

나는 엄마가 해주는 보리곱삶이, 밀가루에 강낭콩을 듬뿍 넣고 찐 밀개떡과 호박범벅, 그리고 밀가루로 만든 칼국수와 수제비를 먹고 엄마가 쪄주는 감자와 옥수수와 수수, 배추 밑둥을 먹고 자랐다. 화로에 인두를 꽂아놓고 꿰매주시는 세루치마저고리, 베로 만든 원피스를 입고 자랐다. 여름이면 엄마가 쳐주는 모기장 속에서 잠을 자고, 겨울에는 또 엄마가 불 땐 따뜻한 아랫목에서 무명이불을 덮고 동기간들과 가로세로로 뒹굴어 다니면서 잠을 잤다. 엄마가 담그신 나승개(냉이) 같은 배추김치와 동치미와 치자를 넣고 담은 단무지를 맛있게 먹었다. 나는 한 번도 엄마에게 반찬투정을 한 적이 없었다. 나는 엄마가 해주는 옷이든지 음식이든지 늘 맛있게 기쁘게 먹고 입었다. 엄마가 일하러 나가 냉장고 앞에서 서성이는 요즘 아이들에 대한 기사를 보며 내가 얼마나 행복했었는지를 깨닫곤 한다.

예전에 어머니께서 해주신 이야기가 생각난다. 우렁이엄마가 자식들에게 모두 주고 나니 자신은 껍질만 남았다. 그래서 빈 껍질뿐인 이 우렁이엄마가 마침내 물 위에 둥둥 뜨게 되었다. 그랬더니 새끼들이 우리 엄마 떴다고 손뼉을 치고 좋아했다는 이야기다. 지금 생각해보면 우렁이들 한 짓이 우리들 열 자식들과 조금도 다름이 없다.

직장생활을 하면서 옷 한 벌을 해드린 일이 있었다. 별로 좋지도 않은 것이었는데도 어머니께서는 늘 그것을 사람들에게 내보이시며 자랑을 하였다. 나는 그 얘기를 들을 때마다 쥐구멍에 들어가고 싶었다. 철이 좀 났더라면 좀 더 좋은 것으로 해 드렸을 텐데 그러지 못한 것을 나는 늘 후회한다. 그러나 그 뒤로는 그나마도 해드리지 못했으니 가슴 아픈 것을 말해서 무엇하랴.

어려서는 말 잘 듣고 공부 열심히 하여 어머니의 마음을 기쁘게 해드렸건만 자라서는 어머니 가슴을 아프게 해드린 사람이 되고 말았다. 시어머니 밑에서 시집살이 하는 나 때문에, 스물아홉에 죽은 둘째언니 때문에 어머니는 가슴에 불을 담고 살았다. 겨울 그 추위에도 이불을 못 덮고 그 더운 여름에도 시린 마음으로 살았다. 좋아도 좋다 소리 한 마디 못 하시고 싫어도 싫다 소리 한 마디 안 하신 어머니였다. 너도 나도 할 말이 많은 세상에 침묵으로 살아왔다. 자식이 어려워 마음 상하신 것도 가슴 속에 꼭꼭 담아두던 우리 어머니, 홀로 쓸쓸한 밤이면 당신을 그토록 사랑하였던 아버지를 얼마나 그리워하고 있을까, 돈 몇 푼 손에 쥐어드리고 효도했습네 돌아서는 자식들, 서로 모시기 힘들어 하는 아들

며느리들을 얼마나 서운해 할까. 어머니는 바라지 않고 몸과 마음을 다 주었건만 우리들 자식들은 이것저것 따지느라 다 드리지 못한다. 여름이면 엄마는 부챗살이 다 떨어지도록 잠 든 남동생의 머리맡을 부채질하였고 그 동생이 아프면 밤을 꼴딱 새우기 일쑤였다. 왕겨 불 땐 방구들이 식으면 어머니는 그 밤에도 나가 군불을 때고 당신의 따스한 가슴에 동생을 감싸 안았다. 며느리 몸 푼 다음에 낳은 아들이라 남세스럽다고 몸조리도 마다하였다. 어머니는 그렇게 조용히 살아왔다.

지금도 밤늦도록 손녀와 씨름을 한다. 말씀으로는 손녀가 귀여워서 그런다지만 얼마나 힘이 들까, 아들며느리 눈치 보느라 그러는 것이 아닌가 생각하면 마음이 아프다. 어려서는 아버지를 따르고, 젊어서는 남편을 따르고, 늙은 후에는 자식을 따라야 하는 우리 여인네들의 슬픈 운명을 어머니를 보면서 생각해본다.

사람은 한 번 반드시 죽고 그 후에는 심판이 있으리라고 하지만 우리 어머니만은 더 늙지 마시고 우리 어머니만은 돌아가시지 않았으면 좋겠다. 내 가슴에 어머니를 담고 싶다. 언제까지나 보고 싶다. 아니 냄새를 맡고 싶다. 이 우주와 나를 이어주는 끈이신 우리 어머니를.

그러나 어머니는, 세상에서 제일 아름다운 우리 어머니는 99년이 밝아오기가 무섭게 세상을 떠나가셨다. 처음 올 때처럼 빈손으로, 자식들에게 다 주시고 껍질만 남은 늙고 야윈 몸으로 우렁이처럼. 그리고 그때 나는 보았다. 어머니 정수리의 대천문*으로 고운 영혼이 빠져나가는 것을. 그리하여 영혼이 빠져나간 어머니의 몸은 추우시지 않을 거라고 소한 날, 그 추운 날 얼어붙은 땅 속에 어머니를 묻었다. 얼마나 불효하면 날이 이렇게 추우냐던 산역꾼들의 말에 부끄러워하면서도 나는 춥다고 손에 장갑을 끼면서, 옷깃을 여미면서 내려왔다.

비 오는 날이면 운다는 청개구리처럼 바람이 부는 아주 추운 날이면, 소한 날만 되면 가슴 위로 높바람이 불어온다. 눈이 종일 폭설로 퍼붓는다. 자식들에게서 효도를 받을 때마다 부끄러움으로 얼굴은 숯불을 덮어쓴 듯 홧홧해진다.

* 그 자리는 바로 갓난아기의 숫구멍이기도 하다

어머니의 노래

하루 앞의 일을 알 수 없는 것이 이 세상의 일이지마는 특히 노인의 일이란 더욱 그러하였다. 건강하셔서 아주 오래 사실 것 같았는데 중풍이 오자 갑작스럽게 가신 시어머니께서 그러하지 아니하셨던가. 거기에 생각이 미치자 요즘 바쁘다는 핑계를 대고 찾아가 뵙지 못한 친정어머니가 못 견디게 뵙고 싶어 읽던 책을 덮어두고 서울역행 버스에 올라탔다.

서울역에서 연수동행 고속버스에 몸을 실은 그제서야 숨을 돌리며 땀을 닦았다. 그때 눈을 밖으로 돌렸다가 좌우로 흔들거리는 휴지통 위에 앉으려고 막 날개를 접는 한 마리의 잠자리를 보게 되었다. 이제 가을이구나, 벌써 회색 도심 깊숙한 이 서울역에까지 가을은 와 있구나, 그러면 또 한 해가 가고 또 한 살을 먹겠지. 늙는다는 생각이 나를 우울하게 하였다. 그러나 나 혼자 나이 먹는 것이 아니고 누구나 먹는 것이니까 우울해 할 것 없다, 그렇게 생각을 더듬어 올라가다 보니 이제금 내가 인천에 가는 것에 무언가 다급한 까닭이 있었던 듯 싶었다. 어머니를 뵙는 것 외에 어떤 것이, 가슴이 저리도록 그리운 간절한 어떤 것이, 혀 끝에 착착 붙을 듯하고 입에 당기는 어떤 것이 꼭 있을 것만 같았다.

언젠가 친정어머니께서 우리 집에 오셨을 때였다. 오랜만에 오신 탓도 있으려니와 딸에게 무엇을 말하고 싶어 오신 어머니는 잠시를 가만히 계시지 않고 이야기를 하시는 것이었다. 같이 사는 작은며느리, 그보다는 큰아들내외에 대한 불평이 누에고치에서 실이 나오듯 쉬지 않고 계속되는 것이었다. 그러나 솔직히 나는 그 말씀에 맞장구를 칠 수가 없었다. 그들보다 나는 돌아가신 시어머니께 더 불효했으므로.

그렇게 내가 어머니말씀을 듣는 게 아니라 듣는 시늉만 하니까 지루해지신 어머니는 내 곁에 누우시더니 무슨 노랜가를 부르시는 것이었다. 잔잔한 리듬에 맺힌 한 같은 노래였다.

"떵기 떵기 떵선아 날아가는 학선아,"

나는 그제서야 어머니에게로 몸을 돌리며 그 옛날 어머니께서 우리들을 잠재우려 할 때와 우리들을 어를 때 즐겨 부르셨던, 아니다. 작은오빠를 잃은 후에 더 자주 부르셨다는 그 노래, 내 귀에도 친숙한 그 노래를 나도 따라 불러보았다. 그러니까 기운을 얻으신 듯 어머니께서 일어나 앉으시는 것이었다.

"어머니, 그 얘기 다시 해 주세요"

"왜 듣구 싶니?"

"그래요, 어머니"

"큰 오래비를 낳고 그 밑으로 네 언니를 낳은 뒤 아들을 하나 더 낳게 되었넌디 그 애가 그렇게도 잘 났었단다. 아이가 어찌나 잘 생겼던지 내가 업구 밖으루 나가믄 당최 내 품으루 돌아올 새가 읎었다. 그러나 일 많은 시굴서 아이를 끼구 살 수가 있니, 당연히 애는 내게는 서시모인 늬덜 할머니 차지가 되었단다. 감때사나운 늬 할머니가 밤낮 애를 데리구 다니신겨, 추우나 더우나 데리구 나가셨단다. 늬 할머니딴으루는 내 일손을 덜어준다는 것이었넌디 추울 때는 좀 삼갔으믄 싶었지만 워디 그런 말을 할 수가 있으야지. 늬 할머니가 근분 그런 사람이니깨. 그런디 그게 그여 탈이 나구 만게란다. 찬바람 부는 날두 애를 데리구 나가시더니 그여 병을 내구 말었어, 어미품을 안 떨어질라는 애를 부득부득 데리구 나가더니 애가 들구 쇠기침을 허드란 말여. 늬 할아버지가 지어주는 첩약은 다 도르고 말았단다. 어린 애라 한약 먹이기는 어려우니깨. 그래 마지막으루 빙원에 갈래두 늬 할아버지 눈치가 뵈서 워디 갈 수가 있겄니, 그래두 급허걸래 하루는 쌀 서너 말을 돈 사 가지구설랑 으른들 읎는 틈에 공립빙원엘 갔지. 너두 아는 방영희네 방의사가 허는 공립빙원 말여. 그랬더니, 업세, 큰일났다는 거여. 도대체 무신 빙이걸래 그러느냐고 물었더니 폐렴이랴. 그때만해두 폐렴약이 읎던 때가 아니냐? 몸이 불덩이같이 된 어린애는 입술이 버쩍 말라가지구 이를 달달 떨믄서 울더구나. 엄마 나 죽기 싫어, 엄마 나 죽기 싫여 하며. 네 살이었넌디두 죽는 걸 알더구나. 내가 아가 죽지 말어, 아가 죽지 말어, 그 말을 하두 많이 했더니 그 말을 알아들었는개비더라. 그 소리를 들을 때 에미

가슴이 워떻겄니, 할아버지가 다시 탕약을 짓구 허셨지만 일은 이미 난 일이었다. 밤이 되니깨 경련을 하더니 그 여린 사지를 죽 뻗더라. 그리구는 차가워지구, 아이구 나는 뭇 살러라. 그 꼴을 보구 워찌 살겄니. 아버지는 속상허다구 당진으로 가버리시구 그래 나 혼자 죽은 아이를 끌어안구 밤새 슬피 울었구나. 그런디 워디선가 무신 노래가 들리는 것 같더라. 가만히 귀 기울려 보니깨 네 아버지가 그 애를 어를 때마다 부르던 노래였어. 그게 어디선가 들리는 듯 허니깨 더 죽겄더라. 날이 새니깨 늬 할아버지께서 산역꾼을 불러오구, 늘(널; 관)을 맞춰오구, 그리구 삶은 돼지고기 닷 근허구 술도가에서 막걸리 닷 말허구 사오셨더라. 저것을 보내구 나는 워찌 사나, 나두 너 가넌디 갈란다, 나허구 하냥 가자, 재호야 허구 따라나오며 몸부림을 쳤더니 늬 할머니가 아이는 또 낳으믄 되니깨 인저 그만 허게. 승호어메, 허며 나를 부축해다가 방안에 밀어넣더구나. 이 일을 워쩌면 좋으냐구 허믄서. 아이가 읎는 방에는 들어가기두 싫어서 마루 끝에 앉어 눈물만 흘렸구나. 늬 아버지두 아이 생각난다구 멫 달을 그 방에 안 들어오셨단다.

그렇게 겨울이 가구 봄이 왔어. 자나깨나 아이생각만 허던 어느 날이었지. 광천 장날 결성통 우리 집 앞으로 어떤 여편네가 아이를 안구 지나가더라. 그걸 보니깨 애가 보구 싶어 미치겄는 거여. 그때 우리 집이 과자공장을 허던 때가 아니냐, 그래 조빡과자랑 십리사탕이랑 요깡(연양갱)이랑 가지구 삼분리루 갔다. 봉긋봉긋한 무덤들이 오보록히 모여 있는 공동묘지를 지나 야트막헌 솔수펑 등성이루 올라섰어. 애기무덤이 보이더라. 그래, 가지구 온 신문지를 피구 거기다가 과자를 늘어 놓구 있넌디, 업세, 그게 웬일이라네, 돌연 일진광풍이 불어 제키니깨 신문이구 뭐이구 죄다 날라가는 거여. 어떻게나 미섭던지 그만 혼비백산해서 등성이 아래루 담박질 했구나. 아이들 무덤에 가믄 그런 일이 생겨 아이와 에미간 정을 뗀다는 얘기가 그제서야 생각이 나더구나. 증말 소름이 좍 끼치구 만정萬情이 뚝 떨어지더라. 그래 그 질루 그냥 내려오구 말었어. 그 후루는 두 번 다시 안 가봤다."

"……."

"그저 그 눔이 안 죽구 살었으믄 내가 지끔 이렇게 서럽지두 않을 틴디 아깐 눔이 죽었어. 늬 아버지 죽었을 때두 그때만치는 안 슳더라."

"어머니, 작은아들이 효도하구 있으니 그런 생각일랑 이제 하지 마세요. 죽은 아이의 나이 세는 격으루 그런 생각은 아무 쓸 데 없어요. 괜시리 엄니한테 그 얘기 해 달라구 그랬나 봐요. 어머니, 밤두 이슥허니 어서 주무세요."

나도 내게 전염된 서럽고 안타까운 마음을 가라앉히려 책으로 눈을 돌리고 있었다. 그러다가 언뜻 눈을 들어보니 팔순의 어머니는 그 얘기 허시는 것도 힘에 부치셨는지 손발을 자주 흔드시는 것이었다. 힘에 부치셨다기보다는 설움이 복받치셨으리라. 아니면 아기가 꿈에 나타나서 못 가게 말리시느라 손을 마구 흔드시는지도 몰랐다. 그런데 이상한 일이었다. 정작 당자이신 어머니께서는 꿈속에 보였던 아기가 이제는 가버린 듯 조용히 주무시는데 그 노래는 내 가슴속으로 자꾸 파고드는 것이었다. 그러자 눈앞에 예전의 그 무덤 앞의 장면이 전개되는 것이었다. 과자와 사탕이 굴러가고 신문지는 하늘을 향해 소용돌이치듯 뱅뱅 돌면서 날아 올라가고…….

나는 흐르는 눈물을 씻었다. 아주 짧아서 노래라고 할 수 없는, 무슨 노래의 후렴구 같은 어머니의 노래는 이미 어머니의 노래가 아니었다.

언젠가 그날

친구 순애는 좋아하고 순애의 자당님은 존경한다. 우리 집과 담 하나를 사이에 두고 사셔서 그분의 삶을 많이 알 수 있었기 때문이다. 순애할머님으로부터 시집살이를 하고 사셨지만 나는 한 번도 순애자당님의 슬퍼하거나 노한 얼굴을 뵌 적이 없다.

그러나 눈에 보인 건 겉일 뿐인지 모른다. 나는 가난하나마 순탄했던 친정어머니의 삶의 궤적을 닮지 않고 이상하게도 순애자당님과 닮은 인생행로를 걸었다. 존경하다 보면 닮는 모양이었다.

외모도, 자태도 고우셨을 뿐만 아니라 음식, 살림 심지어 뜨개질하시는 솜씨까지 남다르셨다. 내가 시집살이 하면서 어떻게 배운 레이스 뜨기와 뜨개질은 그분의 솜씨에 대한 흉내내기가 아닌가 싶다. 어려운 농촌에서 사과 하나도 먹어보기 힘든 때 귤이란 걸 먹어본 것도 평양냉면이라는 걸 먹어본 것도 순애네 집에서였다. 진남포에서 월남하시고, 진남포 말씨를 쓰셔서 방송이나 책에서 이북 말을 접하면 순애와 그 집 식구들이 못 견디게 그립다.

농사를 지어도 많은 식구에 우리 집은 늘 어려웠다. 그걸 아시고 광천중학교 3학년 때 온양 현충사로의 수학 여행비를 선뜻 대주신 분은 순애의 자당님이셨다. 그것도 지금까지 보답을 못하고 있다. 틈나는 대로 나와 순애와 순애 동생들의 학업지도까지 해주실 만치 그분은 또 학업지도에도 남다른 열정을 가지셨다.

"민호야, 옛날 사람은 무엇으로 약을 삼었더랬니."하고 말씀하셨을 때 초목을 써서 했슈 하고 대답한 기억이 새롭다.

그처럼 고운 분이 시집살이하시는 걸 뵈올 때마다 나는 괜스레 순애할머니가 야속하곤 했는데 그러면 자당님께서는 "민호야, 할머니 말씀이 다 그르갔네, 그렇지 않아야 너두 잘 알아두라마." 하셨다. 그리고는 "오마니, 내레 잘못했시오" 하시며 고개를 숙이시던 아름다우셨던 모습이여.

지금이야 지천으로 널린 게 라디오지만 라디오보다 더 좋은 TV라는 것도 널렸지만 당시는 그게 흔하지 않아서 연속극을 용이하게 들을 수가 없었다. 어떤 때는 친구 동례네 집에 가서 스피커로 들은 적도 있다. 동례 말이 나오니 영희랑 순애랑 동례네 집에 모여 공깃돌놀이하던 그때가 생각나고 이쁜 동례, 독일에 산다는 동례가 못 견디게 보고 싶다.

연속극이 궁금하면 나는 순애를 부르며 친구네 집으로 달려가곤 했다. 지금까지 생각나는 드라마로는 ≪언젠가 그날≫이라는 연속극과 ≪너는 말했다≫ 인데 "하늘 만리 구름 만리 사랑 만리 언제나 그리운 그대의 모습 세월에 묻혀서 잊는다 해도 언젠가 그날 언젠가 그날 다시 만나리*"라는 주제가가 어렴풋이 생각난다. "산 넘고 물 건너 온 너와 나의 사랑 무엇이 이보다 더 하리"라는 ≪너는 말했다≫의 주제가 역시 지금도 흥얼거리는 노래 중의 하나다.

그뿐인가 또 순애네는 유성기가 있어서 나애심의 '백치 아다다, 장희빈, 에밀레 종' 등의 노래도 들을 수 있었다.

이제는 많이 노쇠해지셨을 것이다. 언젠가 몇 십 년 만에 한번 찾아가 뵈었을 때 나는 얼마나 행복했던가.

도랑을 지나 대문을 들어서면 복실이라는 강아지가 먼저 나와 사납게 짖어대던 순애네 집, 우물이 있고 우물가에 향나무가 한 그루 있던 집, 차량번호 662와 482, 두 대의 트럭으로 석면광산의 석면을 실어 나르던 순애네 트럭에 대한 기억도 아련하다. 그보다는 김지미, 최무룡보다 내게 더 고와 보이던 순애 자당님과 춘부장의 결혼사진은 지금도 내 뇌리에 각인된 아름다운 영상이다.

엊저녁 꿈에도 순애와 순애 자당님이 보였다. 나는 늘 순애를 만나고 순애 자당님을 뵈올 언젠가 그날을 꿈꾸고 있다.

* 정확한 지는 잘 모르겠다.

콩댐

학교에서 돌아온 나는 대청마루 바닥에다 배를 쭉 깔고 누워 백노지를 묶어 줄을 쳐서 만든 깍두기공책에 숙제를 하고 있었다. 득득득- 그때 어디선지 계속해서 들려오는 소리가 있었다. 그건 할아버지가 계신 방안에서 이 서방이 작두로 돌돌 말린 계피桂皮를 써는 소리가 아니었다. 나는 그제서야 입안이 화하고 얼얼한 계피가 내 입속에 들었음을 알았다. 침 한 방울이 공책 위로 떨어졌다.

그 소리는 끈질기게도 들려왔다. 그 소리는 나와 아주 가까운 곳에서 나는 것이며 또 전혀 생소한 소리가 아닐 것 같다는 결론을 내렸다. 곧 마루 끝에 씻어 엎어놓았던 꺼먹고무신을 젖혀 발에 꿰는 둥 마는 둥 마당을 가로질러 짐작이 가는 사랑방 문 앞으로 가서 문을 활짝 열어젖혔다.

규칙적으로 소리가 나던 곳은 내 짐작대로 이곳이었다. 할머니가 두툼하고 움푹한 사발을 손에 쥐고서 어저께 초배해 놓았던 방바닥을 고르게 하기 위해 사발로 긁고 계시는 중이었다. 뽀얀 버선발을 모우고 손으로 연방 사발을 굴리듯이 움직이며.

회사무리[灰三物]중 작은 모래가 초배지를 뚫고 나온 방바닥의 모습은 마치 이웃집 순열이네 중학생 오빠 얼굴에 성盛한 여드름 같았다. 다음날인 반공일날(토요일)아침 학교에 가다가 우물 앞에 내다놓은 옹솥을 보았다. 나무로 된 소댕을 열어보았다. 묵같이 엉긴 채 하나 가득 담겨 있는 건 뜨거운 밀가루풀이었다. 눈을 들어 사랑방을 힐끔 보니 할머니께서 깨끗하게 손질하여 가지런하게 쌓아둔 밀가루 푸대[包袋]를 하나씩 가위질하고 계셨다.

학교 가다 말고 고개를 내미니 할머니께서 심부름을 시키셨다. 나는 부엌에까지 가기 싫어 부엌에다 대고, "엄마, 할머니가 풀 퍼 오랴" 하고 소리를 질렀다. 엄마가 광목 행주치마에 손을 닦으면서 찌그러진 노란 양재기에 풀을 퍼오자 나는 풀귀아리를 가지고 장난을 쳤다. 그러다가 학교에 입고 갈 꺼먼 '와바리'에 풀을 묻히고 말았다. 말꼬랑지 같던 머리를 이발소에 가서 쌍동 잘라 상고머리 한 둘째언니가 같이 학교에 가다가 그것을 보고는 얼라, 저 골짜[厥者] 좀 봐, 핵교 가다 말구 개갈 안 나게 왜 저런댜, 어제 날 놀리더니 잘코사니야, 아주 쟁글쟁글허네 하며 놀렸다.

머리에 썼던 수건을 풀어 온 몸의 탑새기를 털고 있던 엄마도, '내기*, 내 그럴 줄 알었어. 애덜 통구리 풀두 뭇 써 논다니깨' 하고 푸념을 하시면서도 걸레로 옷에 묻은 풀을 닦아주는 것이었다.

학교가 끝났다. 동례랑, 순애랑 공기돌놀이하고 놀려다가 아까

아침의 일이 궁금하여 집으로 곧장 달려 들어왔다. 풀 묻어 뻣뻣해진 와바리를 벗어 샘가의 옹배기에 던져 넣고 사랑방을 들여다보니 장판지는 뽀얗게 말라있고 군불을 때서 따뜻했던지 그 위로 파리떼들이 왱왱거리며 날아다녔다. 할머니의 솜씨로 네 귀퉁이가 만나는 모서리마다 보름달이 하나씩 얹혀있었다.

때꼬장물이 줄줄 흐르는 발모가지루다 들어가지덜 말라고 호통치신 할머니께서 뽀얀 버선발로 살금살금 들어가 빗자루로 조심조심 쓸어내시는 것이었다.

공일(일요일)이 되었다. 엄마는 엊저녁 내내 자배기에 담가두어 강낭콩만하게 퉁퉁 분 노랑 방콩을 조랭이로 건지고 있었다. 부글부글 거품이 샘가를 돌아 하수도로 흘러 내려갔다.

혹시 콩국하려느냐고 물었더니 한여름두 아닌디 새꼽맞게 콩국은 웬눔의 콩국이냐고, 착착 빻아서 콩대암(콩댐)할 거라며 건져놓은 콩을 도구통에 넣고 빻기 시작하였다. 그런 다음 주걱으로 긁어서 커다란 양재기에 담더니 '살강 안에 들어있는 뇌란 들지름 병을 가져 오라'고 그러셨다. 살강으로 가서 나는 색깔이 진한 참기름 말고 엄마말대로 노르스름한 들기름 병을 들고 샘가로 나왔다. 엄마는 어금니 아끼듯 헌다는 들기름을 참말 아까운 듯이 병을 기울여 조금 따르고 병 주둥이에 묻은 기름을 혓바닥으로 핥은 다음 마개를 꽁꽁 막는 것이었다. 그리고 그것들을 끝이 닳은 달챙이 숟가락으로 잘 섞어 헝겊 주머니에 넣어 주둥이를 여민 다음 할머니께 갖다 드리는 것이었다.

할머니가 그 주머니를 아랫목에서부터 문질러대기 시작하셨다.

종이에 기름이 배어들고 날콩의 비린내와 들기름의 고소한 냄새가 진동했다. 그렇게 애벌기름을 먹인 후 조금 마른 듯 하자 할머니는 또 허연 버선발로 조심스럽게 들어가서 두 벌째 먹이는 거였다.

아버지는 뒷마당에서 이 서방하고 보리바심 도리깨질이 한창이었고, 엄마는 부엌에서 점심을 하느라 연방 구슬땀을 흘리고 있었다. 아궁이 안에는 보릿대가 타들어가는지 탁, 탁 보릿대 부러지는 소리가 경쾌하게 났다. 불이 화룽화룽 타오르자 아궁이 앞에 앉아있는 엄마의 그림자가 살강 겉면에 커다랗게 그림자로 일렁였다. 얼굴에는 진땀이 흘러 붉으레하고 미끌미끌한 땀도 배어있고, 그 위로 불티가 곱게 앉았다. 논흙으로 맥질해 놓은 부뚜막 위로도 불티가 앉았고, 개수통 물 위에도 탑새기가 둥둥 떠다니고 있었다. 아버지와 일꾼들의 점심은 되자친 보리곱삶이에 찐 갈치 대여섯 토막하고 작년 즑**에 담가 두었던 짠무를 채 썰어 샘물을 붓고 쪽파를 송송 썰어 넣은 냉국이었다.

그곳에 들어가면 안 된다는 할머니의 엄포 세 번과 세 번 더 문지르고서야 콩댐이 끝났다. 나는 거기서 누가 살 것인지 무척 궁금했다. 오빠가 장가가서 오라부닥***하고 살 것이라 했다. 그제서야 나는 아버지께서 목현에 가서 선보고 온 이유를 알 것 같았다. 어쩐지, 오빠 친구들이 길에서 오빠를 만나면, '업세, 신수가 훤허네, 샥씨 읃는다더니 증말이구먼' 그러더라니.

나중에 더 나이가 먹으면 나는 어머니가 살고 싶다고 입버릇처럼 말씀하시던 ㅁ자로 된 꽃패[花形]집에 방문 문살 위에는 창호지를 바르고 살고 싶다. 문고리부분엔 말린 꽃잎을 넣어 무늬를 내고 방바닥은 옛날처럼 콩댐을 할 것이다. 그러면 옛날이 문득 내 곁에 다가올 것이다.

* 내괴; 내 그럴 줄 알았다, 어쩐지 라는 의미의 충청도 사투리
** 겨울이라는 의미의 충청도 사투리
*** 오라비댁

우리 올케

지난 10월이다. 인천에 사는 조카에게서 전화가 왔다. 딸을 결혼시킨다는 것이었다. 전화선을 타고 넘어오는 조카의 음성을 듣는 순간 콧잔등이 시큰해졌다. 엄마아빠 안 계신데도 큰일을 치르는 조카가 대견해서였다.

내가 우리 올케를 처음 본 곳은 은하의 목현이라는 곳에서였다. 설날이라 아버지를 따라 할아버지댁에 가게 되었다. 은하에서 한약방을 여셨던 할아버지께 설 인사를 마친 아버지께서 같이 가볼 곳이 있다고 하셨다. 아직 잔설이 길 곳곳에 남아있고 찬바람이 불어대는 한적한 시골길을 걸었다. 그 길은 아득하고 그리운 영상으로 지금도 기억 속에 남아 있다.

하얀 두루마기를 입은 아버지를 따라 어린 발걸음으로 찾아간 곳에서 올케를 만났다. 하얀 저고리에 검정치마를 입고 머리를 길게 딴 시골색시가 우리를 맞아주었다. 그리고 얼마 후 올케가 우리 집으로 시집을 왔다. 차일이 쳐진 마당에 채반 가득하던 삶은 국수와 부침개와 썰어놓은 돼지머리 고기들이 어지럽던 정경이 어렴풋이 떠오른다.

덕명초등학교 2학년이었다. 족두리를 쓰고 연지곤지를 찍은 새언니 곁에서 나는 신기한 듯 새언니 옷을 만지는 둥 그 곁을 떠나지 않고 있었다. 새언니가 내게 말했다. 그때 왔던 작은아씨냐고.

작은아씨라는 말이 황홀했다. 그런데 내가 작은아씨로 있는 동안이 얼마나 좋은 건지 알지 못하고 세월이 흘렀다. 더불어 나를 작은아씨라고 불러줄 올케가 이 세상에 없다는 것이 안타깝기만 하다.

당시 우리 집은 대식구였다. 조부모, 부모에 오빠를 뺀 우리 형제 아홉에다가 일꾼도 있었다. 그러니까 올케에게는 시누이- 작은아씨가 여덟이나 되는 것이었다. 시동생은 큰조카가 태어난 후에 생겼다.

말이 나왔으니 하는 말이지만 우리 엄마는 우리 올케, 며느리가 몸 푼 뒤에 막내아들을 낳았다. 그것이 남세스럽다고 드러내놓고 누워있지도 못한 것 같다. 며느리보기 얼마나 겸연쩍으셨을까 생각하면 돌아가신 지금도 가슴이 서늘하다. 우리 올케 역시 편하지는 않았을 것이다.

이렇게 우리 올케 고된 시집살이에다가 마음고생도 많이 했다. 대식구 밥 해대랴, 빨래 해대랴, 옷 꿰매 대랴, 농사 일 돌보랴, 조카들 키우랴 눈코 뜰 날이 없던 것 이다. 중학교에 다니던 나는 공부 핑계를 대고 올케를 많이 돕지 않았다. 올케가 풍구를 돌려

왕겨 때며 가마솥에 밥을 할 때 큰조카가 울어대도 나는 공부한다고 조카를 봐주지 않았다. 물론 언니들이나 동생들이 돌보기도 했다. 그러나 솔직히 말해서 친동기간들이 많았기 때문에 친형제에게 더 마음이 갔지 조카들에게 마음이 간 것은 아니었다. 그것에 대해 지금까지도 조카들에게 미안하기 그지없다. 부뚜막에 죽 퍼 담아 놓았던 많은 밥그릇들도 올케의 힘듦을 말해주고 있었고.

오빠도 대식구와 살려고 무진 애를 썼다. 이것도 해보고, 저것도 해보려고 여간 애 쓴 게 아니다. 그러나 논밭 팔아 하는 사업은 말처럼 쉽게 돈벌이가 되는 게 아니었다. 애먼 논밭만 자꾸 팔려나갔다. 결국 오빠네 식구들은 고향을 등지고 인천으로 떠났다. 그 당시 나는 서울에 있었으므로 왜 오빠가 가솔을 이끌고 인천으로 가게 되었는지 자세한 사정을 알지 못했다.

그 뒤 가세는 지구본처럼 기울어 부모님도, 할머니도 오빠가 있는 인천으로 다 올라가게 되었다. 그 넓은 밭과 논과 집을 헐값 처분하고 아들네 집에 얹혀사는 부모님과 할머니의 모습이 나를 쓸쓸하게 했다.

1977년, 내가 막내딸을 낳으러 인천에 가게 되었다. 그것은 대식구를 거느리고 어려운 살림을 꾸려가는 올케에게 참으로 미안한 일이었다. 당시 인천은 수돗물 사정이 좋지 않아서 밤을 새워 물을 받고 하는 형편이었다. 그런 데를 산후 조리한다고, 아이를 낳고 조리를 잘하면 몸의 병이 낫는다고 막내를 낳으러 올케를 찾아갔던 것이다. 시어머니가 사주신 쌀 한 말과 비누 열 장을 들고서.

그것이 고맙고도 미안해서 우리 막내딸 결혼할 때 꼭 치마저고리 한 벌 해서 올케에게 진 빚을 갚으려 했는데 올케는 그것조차 받을 복이 없는지 이미 세상을 떠난 뒤였다.

시어머니와의 불화로 힘들 때마다 나를 찾아오곤 하던 우리 올케, 우리 남편이 찾아가면 넉넉하게 대접을 해주던 우리 올케는 친정 동네의 이름 같은 하늘나라, 은하銀河로 떠났던 것이다.

작은조카가 해산 도중 난산이 되어 아기가 건강하게 태어나지 못했다. 그러자 올케는 몸을 돌보지 않고 밤잠도 자지 않으면서 그 외손자를 돌보았다. 아기가 건강하지 않으니 그 뒷바라지가 얼마나 힘이 들었으랴.

우리 형제들은 시부모를 모시지 않는다고 올케에게 서운한 마음을 나타냈지만 아마 하나님께서는 생명을 소중히 여긴 우리 올케에게 아주 큰 상급을 내리셨을 것이다. 그리고 올케 사후 재혼했던 오빠도 오래지 않아 언니 곁으로 갔다.

조카네 결혼식장에서 조카들 오형제- 상신이, 상숙이, 상희, 상인이, 상학이를 오랜만에 만났다. 아버지와 엄마 없어도 꿋꿋하게 살아가는 조카들이 얼마나 대견스러운지 나는 자꾸 눈물을 훔치고 있었다. 고모노릇을 못 했다는 자괴심도 한몫, 조카들이 고모들이나 삼촌보다 더 낫다는 생각 때문이었다.

겨울, 그리고 세루치마저고리

입동이면 배추가 품안에 안길 만큼 자라지요. 그러면 밑동을 도려다가 김장을 해 넣기 시작했습니다. 좋은 건 다 내다 팔고 남은 걸로 담갔으니 무슨 볼품이나 있겠어요? 그저 나승개(냉이)같이 쩍쩍 벌어진 것들뿐이었죠. 그래도 그 배추들이 얼마나 고소하고 맛있던지 우리 집에서는 배가 불룩한 바탱이 대여섯 개 담갔습니다.

김장을 해 넣은 뿌듯함은 우리도 경험한 바죠. 어머니와 할머니께서도 겨울 양식 다 준비했으니 이젠 눈보라가 퍼부어도 걱정 없다며 다리들을 쭉 뻗고 낮잠들을 달게 주무셨습니다. 비 오던 동짓달 그 날은 엿장수의 가위질 소리도 한결 고즈넉하게 들렸답니다. 메주도 쑤고 나면 농가마다 일 년 중 가장 한가로운 농한기가 되었는데 말이 농한기지 아낙네들은 또 겨우살이 준비로 눈코 뜰 새 없었습니다.

노루 꼬리만 한 겨울 해를 아쉬워하며 내복을 죄다 꺼내서 기울

것은 깁고, 빨 것은 다 빨고 나면 다음은 이부자리 손질을 하였습니다. 까슬까슬하게 풀 먹인 광목을 다듬잇돌에 올려놓고 어머니와 할머니와 올케의 다듬이질하는 방망이소리가 또드락 딱딱 한창일 때 삽사리는 마루 밑으로 기어들고 게으른 이웃집 며느리는 그 소리를 자장가 삼아 입 벌리고 침 흘리며 잠이 들었을 겁니다. 그러다가 이어지는 그 소리에 후다닥 일어났겠지요.

곱게 매만진 홑청들을 시치고, 꿰매고, 두꺼운 솜이불을 새로 꾸미느라 마루 위로 삐져나온 솜뭉치들은 마치 바람에 흩날리는 눈송이 같았습니다. 또 어느 날인가는 어머니께서 부엌 바닥에 볏짚을 깔은 뒤 그 위에 놋주발, 놋대접들을 올려놓고 지푸라기를 뭉쳐 만든 수세미에 기와가루를 촉촉하게 묻히고 입으로 '쉬-' 하는 소리를 내시며 놋그릇 닦음질을 하고 계셨습니다. 그제야 나는 내일 모레가 설인 것을 알았습니다.

싸락눈이 북풍을 몰고 와 뒷문에 친 가마니가 철썩철썩 방문을 때리던 섣달 스무 아흐렛날 밤이었습니다. 초가지붕 추녀 끝에도 못 미치는 낮은 옹기굴뚝에서 때 이른 저녁연기가 모락모락 오르고 나면 군불 때서 뜨끈뜨끈한 방 윗목에서는 아버지께서 한쪽 다리를 실로 동여맨 안경을 쓰시고 신문을 보신 후 무를 가져다가 달챙이 숟가락으로 긁어 드시고 계셨고, 아랫목에서는 설빔 마련하느라 어른들이 다 분주하였습니다.

놋화로에는 부젓가락과 인두가, 장지문 위로는 까만 소케트 밑에 백열등이 하나 매달려 가난하지만 행복한 이 집의 밤풍경을 말없이 내려다보고 있었습니다. 희미한 불빛 아래서 엄마가 마름

질을 하면 언니는 그것을 받아 앉은뱅이 손틀을 쉬지 않고 돌렸습니다. 동을 달고 섶을 달고 안팎을 껴 박고, 깃을 달고, 고름을 달았습니다. 저고리가 다 되어 가면 할머니께서 안경을 코밑에 끼시고 쌀풀을 붙여가며 동정을 달으시고는 화로에서 인두를 꺼내다가 뜨거운지 안 뜨거운지 입 주위에 한 번 대보시고는 조붓한 인두판에 저고리를 올려놓고 인두질을 하셨습니다. 열 대여섯이나 되는 대식구들의 설빔을 마련하며 도란도란 나누는 이야기 소리와 들들거리는 재봉틀소리와 가위질 소리, 인두질하며 나는 불내, 단내까지 함께 어우러져 겨울밤이 깊어가고 있었습니다. 그 밤 부엉이가 울다 간 자리마다 솔방울이 피어났을 것이고, 함박눈이 내리던 하늘 끝자락으로는 엄마 잃은 아기기러기가 엄마 찾아 어두운 하늘을 날아갔을 것입니다. 사랑방의 문풍지는 괜스레 파르르 떨었을 거구요.

눈에 졸음이 온 나는 큰언니 곁으로 가서 이제 막 마르기 시작하는 내 옷을 어서 빨리 꿰매달라고 떼를 썼습니다. 그러나 우물가에 가서 숭늉을 찾을 수가 있나요, 내일 아침의 기쁨을 기다려야지요. 빨리 자면 그만큼 일찍 아침을 맞을 것 같아 장지문을 건너 윗목으로 갔습니다. 동생들과 언니들과 가로, 세로로 머리를 맞대고 까만색에 자주색 끝동을 단 광목이불을 서로 끌어당기며 싸우다가 몰려오는 풋잠을 이기지 못하고 어느 새 호랑이가 업어가도 모르게 온 방안을 헤매며 돌꼇잠이 들었습니다.

아침이 왔습니다. 긴 긴 밤을 꼴딱 새운 할머니와 엄마와 언니의 눈썹을 새하얘졌고 내겐 세루치마가 입혀졌습니다. 솜을 넣어 만든 세루저고리는 아주 홋홋했습니다. 흰 눈이 와서 초가지붕을 하얗게 덮을 때에도, 앉은뱅이 썰매를 타던 동례네 집 뒤 둠벙에서도, 팽이 돌리는 머슴애들을 바라볼 때도 나는 춥지 않았습니다. 군불이 다 식어가는 윗목에서도, 허리에 둘러 맨 책보에서 짤랑거리던 필통소리가 내 귓가를 스칠 때도 덕명초등학교 교실 난로 안의 조개탄이 스러져 갈 때에도 나는 솜저고리를 입어 따뜻했습니다. 샘둑에 얼어붙은 얼음을 두레박으로 짓찧어 깨먹을 때도, 처마 끝의 고드름을 따 먹을 때도, 엄마랑 같이 장에 가서 어림*빗과 참빗을 사 올 때도 나는 세루치마저고리를 입고 있었습니다.

시조를 부르러 가셨던 아버지를 마중 나가면 휘엉청 밝은 달빛에 검은색의 긴 그림자를 낳던 나의 세루치마저고리, 나는 이것을 형편 좋은 집 애들—군자나 혜순이나 순애가 입은 빨간 잠바보다도 더 자랑스럽게 여겼습니다.

고드름이 녹는 먼 곳으로부터 봄이 오면 나는 철둑 너머로 바구니를 들고 나승개**를 뜯으러 갔습니다. 그때 내 세루치마 저고리는 들판에서 품으로 파고드는 꽃샘바람 잎샘바람을 막아주었고, 동례랑 순애랑 영희랑 고무줄 놀이할 때의 세루치마는 나를 나비로 만들어 주기도 하였습니다.

사람들이 부끄러움을 느낀 건 죄를 짓고 난 후부터라지요. 나는 그때 흐르는 콧물도 부끄러운 줄 모르고 저고리 끝동에 닦았고, 초등학교 졸업식 날 졸업하는 언니들을 따라 울 적에도 여기에 눈물을 닦았습니다. 언니가 시집가는 날엔 꼭 형부가 언니를 빼앗아가는 것만 같아 소리 없이 또 이곳에 눈물을 훔치기도 하였습니다.

고향을 떠나 온 뒤로는 우리 엄마도, 언니도 이 옷을 지을 생각을 하지 않았습니다. 타향의 우리들에게는 고향의 옷이 맞지 않는다고 엄마나 언니는 단정을 하시는 것 같았습니다. 그러니 어떻게 그 옷을 다시 지어달라고 떼를 쓸 수가 있겠습니까? 내가 고향을 떠나지 않았더라면 나는 아직도 세루치마저고리를 입는 소녀로 남아 있었을 것입니다. 지금 같은 어른은 되지 않았을 것이며 많은 날을 저고리 옷고름에 눈물을 닦지 않아도 되었을 것입니다. 나는 이것들이 못 견디게 그립고 입어보고 싶은데, 달님이 내려다보던 가난한 초가집과 거기에 살던 사람들이 꿰매어 입던 내 순수의 날개는 아무리 찾아도 보이지 않습니다.

가만히 앉아서 옛 생각을 떠올립니다. 그는 내 마음에 바퀴를 달고 아련한 내 고향으로 데려다 줍니다. 수레를 타고 달려가면서 내가 '세루치마저고리'라고 말했더니 어느새 내가 세루치마저고리를 입고 종다리가 우짖던 고향의 들판에서 나물을 뜯던 소녀가 되어 있는 것이 아니겠습니까?

내가 글을 쓰면 거기엔 언제나 고향이 있고 세루치마저고리가 있습니다.

* 얼레빗
** 냉이

할머니

보리밭 이랑사이로 바람이 헤집고 들어가 파란 파도를 이루어 이리저리 넘실거리던 고향, 맑은 하늘 위로 종달새가 우짖던 나의 고향 광천은 어머니 품속같이 아늑하기만 했다. 이곳에서 나와 나의 동기간 십남매는 세월도 모르고 눈물도 모르는 꿈과 같은 나날을 보내었다.

우리 집은 조부모님과 부모님과 오빠와 올케. 그리고 조카들까지 있는 대가족이었는데 할아버지께서는 일제시대에 독립운동하신 분들의 뒷바라지를 하셨던 애국지사로 3 · 1절 등 경축일에는 꼭 우리들이 다니던 덕명국민학교에 오셔서 만세삼창을 하시곤 했다. 후손들의 나태로 아직도 할아버지를 독립운동가로 모시지 못하고 있는 것이 안타깝다.

그런데 불행하게도 할머니가 일찍 돌아가시어 우리들의 할머니는 서할머니셨다. 어머니한테는 힘들고 어려운 서시어머니였지만 우리들에게는 더없이 좋은 할머니셨다. 할머니 둘레에 모여 앉으면 네 말도 옳고 그 사람 말도 옳다던 '황희 황정승' 얘기를 해주시던 할머니가 오늘따라 그립다.

그런데 언제부턴가 곡식을 팔고 사는 일에서 어머니와 할머니 사이에 언뜻언뜻 불화의 조짐이 보이더니 어느 날인가 불행한 일이 생기고 말았다. 곡식을 퍼낸 사건을 가지고 네미룩내미룩 하였던 것이다. 자식이 주렁주렁했던 어머니의 입장으로서야 당연히 눈에서 불이 날 일이었겠지만 나는 보지 못했음에랴. 또한 그건 다분히 엄마와의 불화만이 아닐 성싶었다. 나이 차가 얼마 나지 않았던 아버지와의 관계에서, 그리고 혈육 한 점 없으셨던 할머니의 가슴에 쌓인 시린 감정들의 폭발이 아니었을까? 할아버지께서는 놋재떨이에 긴 담뱃대를 두드리시는 것으로 당신의 불편하신 심기를 나타내셨다. 그 일이 있은 후 할아버지께서는 '은하'라는 시골로 거처를 옮기시게 되어서 할아버지의 한약방이던 가겟자리는 우리들의 공부방이 되었다.

방학 때가 되면 우리들은 '독고개'라는 고개를 지나 할아버지댁에 가곤 했다. 고추니, 무니, 고구마니 하는 것들을 아버지께서 싸주시는 대로 들고 고개를 넘다가 보송보송한 솜털째 피어있던 할미꽃과 불붙듯이 곱게 피어있는 진달래를 보면 '바위고개'라는 노래를 합창해가며 고개를 넘기도 하였다. 어떤 때는 가다가 비를 흠빡 맞아 함씬함씬한 생쥐꼴을 하고 할머니 댁에 들어갔었는데 추워서 입술이 새파래지고 오들오들 떨려도 오히려 즐겁기만 하던 옛날의 추억이다.

할머니께서 숭늉을 뜨러 간 사이 할아버지께서는 우리들의 밥 그릇마다 그 귀하고 맛있는 쇠고기 장조림을 듬뿍듬뿍 놓아주시곤 하셨는데 그것은 지금도 아련하게 그리워지는 할아버지의 사랑이다. 더불어 그때의 나의 마음은 만약 할머니가 우리들의 친할머니셨다면 얼마나 좋을까라는 생각이 들어 할아버지의 사랑이 도리어 슬프기까지 했었다. 그러나 집으로 돌아가는 독고개에서 숨이 차 우리들을 따라오지 못 하시고 '방굴아' 하고 우리들을 불러 세우시는 할머니를 볼 때는 아까의 철없는 마음을 후회하기도 했다. 광천장에 가서 한약재를 사가지고 혼자 다시 되돌아가시는 할머니를 생각하면 괜스레 눈시울이 붉어지기도 했었는데 방굴이라는 따뜻한 느낌의 이름이 오늘도 할머니에 대한 추억으로 또 한 번 가슴이 아리어온다.

내가 광천중학교에 다닐 때쯤 할아버지께서는 은하를 떠나서 우리 집에서 가까운 '단아래'라는 곳으로 이사 오셔서 '자가당 한약방'이라는 한의원을 다시 여셨다. 1등한 성적표를 가지고 할아버지께 달려가면 할아버지께서 또 할머니 모르게 돈 몇 푼을 내 손에 쥐어주시곤 하셨는데 나는 그것이 좋고 또 할아버지께 보여드리려고 언제나 공부를 열심히 하였다. 그때 막 문을 열고 들어오신 할머니, 나는 무슨 죄를 진 사람처럼 불불이 그 자리를 떠나 집으로 돌아온 일도 있었다.

할아버지께서 돌아가신 뒤 부모님은 인천에 와서 살게 되었다. 할머니도 인천에서 기거를 하셨는데 워낙 깔끔하신데다가 할아버지 사후 혼자 조용히 사시던 분이 북적거리는 그곳에서 힘들게 사시는 모습이 눈에 이따금씩 띄기도 했다. 그때만 해도 내가 시집살이를 하던 때여서 할머니께 용돈 한 닢을 드리지 못했다. 항상 눈이 짓무르시더니 연로하신 후에는 더하셔서 인생의 황혼을 맞이한 할머니의 모습이 참으로 안타깝기 그지없었다. 벼르고 별러 사다드린 내의 한 벌을, 그것도 호사라고 사람들에게 자랑하시던 할머니셨다.

돌아가셨단 말을 듣고 인천에 갔던 그때 나는 내 설움으로만 울지 않았다. 할머니가 너무나 가여워 한없이 울었다. 그리고 당신에게 한 점 혈육도 없으신 것을 감안해 화장을 해달라는 생전의 할머니 유언을 따라 화장을 하게 되었다. 나는 그것이 더 가슴이 아팠다. 그건 할머니께서 비록 말씀으로는 그렇게 하셨어도 당신의 진정한 뜻은 그것이 아닐지도 모른다는 생각 때문이었다. 청개구리의 엄마도 말 안 듣는 아들에게 물에다 장사 지낼 것을 말하지 않았던가. 그 당시 나는 오빠한테 아무 말을 할 수는 없었다. 그러나 나는 더 어쩔 수 없는 사람이었다. 할머니 화장할 때 통곡하던 그 입, 그 손으로 돌아서면 밥을 먹었으니 말이다. 할머니 돌아가신 후로 할머니의 친정 식구들과도 멀어져갔다.

봄이 왔다. 할미꽃이 보송보송한 솜털로 다시 피어나고, 진달래가 분홍색으로 이 산 저 산 불붙듯이 피어난다. 예전에는 무심코 보았던 꽃들이 돌아가신 할머니와 돌아간 이들의 정령인 듯하여 가슴이 아련하다.

잔병치레와 비방

우리들이 어렸을 때는 가난으로 인해 못 입고 못 먹어서 그랬던지 다락지(눈다래끼)니, 두드러기니, 하루거리니 하는 잔병치레를 많이 했는데 다른 병은 몰라도 하루거리는 하루 번하면 하루 더해서 꼭 귀신 붙었다고 생각하기 십상이었다. 그것은 본인에게도 물론 괴로운 일이었겠지만 앓는 그보다는 보는 사람에게 보다 더 주접스러운 일이었다.

보는 사람이라고 해야 조부모님과 부모님, 그 중에서도 유독 어머니가 안타까워했는데 할아버지께서 약을 지어 주셨으련만 십 남매를 키워내는 동안 반의사가 다 되었던 어머니는 법보다 주먹이 가깝다고 하듯 첩약을 짓기 전에 민간에 널리 행해지던 비방秘方이란 것으로 풀어내려 하셨다.

다래끼가 나면 지푸라기로 목걸이를 만들어 목에 걸어주고, 넙적한 돌멩이를 하나 주워서 그 위에 다래끼가 난 곳의 속눈썹을 뽑아 올려놓고 또 다른 돌멩이로 뚜껑을 덮듯 덮어 사람의 왕래가 많은 곳에 갖다 두라고 했다. 그 이층 돌멩이를 발로 툭 건드리는 사람에게 옮겨간다는 것이었다. 그런 방법으로 꼭 낫는다고 믿지는 않았으면서도 어머니의 약손 같은 말은 꼭 믿었다.

눈에 삼이 선다는 것은 모래가 들어간 듯이 꾹꾹 쑤시고, 따끔따끔하고, 눈알이 벌게지는 것으로 요새 흔히 말하는 '아폴로'눈병이라는 것인데 당시엔 그걸 '개C발이'이라고 불렀다. 눈이 아프다고 울고 짜고 하는 것을 옆에서 지켜 본 할머니께서 베람빡(벽)이건 지둥(기둥)이건 못고쟁이(못) 하나 박을 때두 개려야 허넌디, 아무 때나 박어 동투(동티)가 난 거라고 역정을 내시면 할아버지께서는 당치않은 말을 한다고 할머니를 나무라시곤 하셨다. 이 서방이 곁에서 작두로 약재를 썰고 할아버지께서 조제하시는 동안 어머니는 뒷마당으로 몰래 나가서 해가 떠오르는 쪽에 눈에 삼이 선 동생을 앉히고, 그 맞은편 베람빡에 눈을 그리고 거기에 눈동자를 그려 넣었다. 그런 다음 그 눈동자에 못을 박고는 팥을 한줌 헝겊에 싸서 눈에 대고 살살 비비게 했다. 일제日帝가 우리 명산의 혈마다 박아놓은 쇠못처럼 그렇게 못을 박았다. 병이 우리 몸에 범접을 못하도록 그랬던 것일까? 아무리 그렇다 해도 이해하기가 어렵다. 옛 얘기를 보면 미운 사람이 있으면 그 사람 형상의 인형(제웅)을 만들고는 그곳에 무수한 바늘을 꽂으며 저주하던 것을 우리는 많이 보아왔는데 정말 그런 뜻으로 박았다면 눈병은 더 나빠질 것이 아닌가. 그것도 아니면 집에 못을 박아 동투가 난 것이기에 눈엔 눈으로, 이에는 이 하는 식으로 복수한 율법시대의 정신의 발로였던가.

"인간 인호(병에 걸린 동생)의 눈에 삼이 섰으니,

얼른 낫게 해주세요. 부족한 인간이 무얼 알겠습니까?"

내 아련한 기억의 한쪽을 말아 올리면 그곳에는 이런 넋두리를 하며 두 손을 비비던 어머니의 모습이 점차로 밝아온다. 어린 아이가 밤에 자다가 몸에 열이 끓어 잠을 안 자고 울기만 할 때는 묽은 된장국을 한 바가지 끓이고, 다른 바가지에는 밥을 담은 위에 아기 머리카락 조금 자른 것을 얹어 마당으로 나가는 것이었다. 부엌칼로 땅바닥에 열십자(+)를 그리고 그 위에 들고 온 두 개의 바가지를 냅다 엎으며 또 주문 비슷 외는 것이 있었다.

"어디 붙을 데가 없어서,

여기 붙었느냐,

어린 몸이 무슨 힘이 있다고,

황소 같은 짐을 지우느냐.

어서 물러가거라 썩 물러가거라."

어머니가 그런 짓 하시는 것을 아버지께서는 비객*으로 아셨지만 당장 품안의 어린 동생들이 아프면 어머니는 아버지 몰래 그런 짓들을 해 오셨던 것이다.

저번에, 아주 오래간만에 우리 집에 오셨길래, "어머니, 매번 일이 있을 때마다 부엌칼과 바가지를 깨버리셨을 텐데 가용家用돈이 넉넉하지 않으셨던 어머니께서 어떻게 번번히 장만하셨어요?" 하고 여쭈어 보았더니, "늬 아버지 몰래 곡식을 내었지, 어떡허냐?" 그러셨다. 나는 그 다음 말을 여쭤보지 못하였다. 밭떼기로 농작물을 팔아도 아버지의 금고(당시 우리 집에는 쇠로 된 금고가 있었다)로 들어가면 좀처럼 어머니 손에 쥐어지기 어려웠던 사실을 어린 나도 어렴풋이 알고 있었던 것이기에 다시금 어머니의 고초가 어떠하였을까를 가늠해보며 가슴이 뻐근해져서였다.

두드러기가 몸에 솟으면 앞집에 가서 그 집 초가지붕 용두머리의 용구새 한 주먹을 뽑고, 뒷집에 가서는 두 주먹 뽑고, 그 다음 집에 가서는 세 주먹 뽑은 다음 헛간 앞에 불을 놓거나, 아궁이에 불을 지피고 그 앞에다 두드러기 난 아이를 발가벗겨 세워놓고 소금을 뿌려가며, 불김 쬔 몽당 빗자루로 아이의 온몸을 쓸어내렸다.

"중두(중도) 게기(고기) 먹더라,

중두 게기 먹더라."

이런 말을 되풀이해가며, 연기가 내어 눈이 쓰리고 소금 때문에 따갑다고 우는 아이의 등을 계속 쓸어내렸다. 사실 두드러기란 대개 동물성식품을 잘못 섭취했을 때 생기는 것이기에 중(僧)도 고기를 먹는데 왜 민간인이 고기 먹은 걸 부작용 나게 하느냐는 원망의 소리를 누구엔가 푸념 비슷이 늘어놓았던 것이다.

산모가 아이 낳으려고 애 비릇을 때는 금반지 삶은 물이나 생계란 또는 흙을 먹게도 하였으며, 오줌을 잘 싸는 내 동생은 언제나 키를 쓰고 옆집으로 소금 받으러 가는 수모를 겪기도 했다. 오줌소태에는 옥수수 수염을 달여 먹은 것 같고 익모초라는 것은 아마 더위를 먹었을 때 먹은 것 같다. 손가락이 곪으려고 하면 간장을 끓인 다음 그 간장에 아픈 손가락을 집어넣게 하거나 짜디짠 꼴뚜

기저귀 손가락에다 대기도 했고, 허벅지에 가래톳이 생기면 간장으로 먹을 갈아 환부에 바르거나 누룩을 찧어 가루로 만든 후에 거기에다가 질축하게 지은 밥을 넣고 그것들을 헝겊에 올려 허벅지에 붙여서 가라앉게 하기도 했다.

이웃 간에 송사가 생겨 재판을 하게 되면 재판 받게 되는 사람의 저고리 깃고대를 뜯고 거기에 갓난아기의 배내저고리를 집어넣고 듬성듬성 호았다. 그렇게 하면 재판에 이긴다는 것이었다. 새로 이사를 가면 대문 앞에 바가지를 놓아두고 들어가면서 소금을 뿌리며 그 바가지를 냅다 밟게 했다. '여기 이사 오는 사람에게 아무 일도 없게 해 달라'고 두 손 모아 빌면서. 사람이 죽어서 발인發靷하기 전 방에서 널(관)을 내올 때도 소반에 바가지를 놓아두었다가 밟게 했다. 상가에 갔다가 집으로 들어올 때도 그렇게 하는 걸 본 기억이 난다.

그런데 어떤 사람들은 정말 어리석은 일을 서슴없이 저지르기도 하였다. 횟배로 배가 아픈데 석유가 좋다는 속설을 믿고 우리 서할머니는 진짜 석유를 먹어 평생 석녀石女로 한 많은 세월을 보냈다. 또 담배도 좋다고 하니까 백해무익한 담배를 물에 타서 마신 사람도 있었다. 감기에 고춧가루가 좋다고 고춧가루로 죽을 쒀서 먹던 이, 머릿니를 잡는다고 아이들 머리에 독한 농약을 뿌렸다가 화를 입던 이, 모기에 물리지 말라고 '푸마기'**의 약을 직접 몸에 바른 사람들의 이야기도 나는 들어서 알고 있다.

요즘 사람들이 생각하면 참으로 미신 같고 언뜻 들으면 어리석기 한량없어 보이지만 약도 제대로 없고 특히 의료보험 혜택이란 것은 꿈에도 생각할 수 없었던 그 당시 대부분의 사람들에게 이런 것들은 치료라기보다는 차라리 자식을 향한 어머니의 끈끈한 사랑이었다고나 해야 될 것 같다.

* 비각: 물, 불과 같이 두 물건이 용납되지 못하는 일
** 푸마기: 당시 파리, 모기약은 입으로 분무하는 것이었는데 그것을 푸마기라고 했다.

한상섭 선생님께

선생님,

오늘 아침 촐촐히 봄비가 내리고 있습니다. 그 봄비에 하염없이 떨어지는 벚꽃을 바라보며 저는 선생님을 뵈었을 당시의 감격을 되새기고 있습니다.

선생님,

35년, 그렇습니다. 찾아뵈어야지, 찾아뵈어야 한다는 생각만 가슴속에 켜켜로 쌓으며 살고 있던 중 꼭 35년만이었습니다. 역시 35년 만에 우연히 전화 통화하게 된 친구 이현희로부터 청운중학교에 계시다는 연락을 받았을 때 저는 정말 뛸 듯이 기뻤습니다. 며칠 후에 가자는 친구들의 성화에도 아랑곳하지 않고 저는 다음날로 선생님을 찾아 달려갔습니다. 무슨 영문인지 몰라 눈을 동그랗게 뜨고 바라보는 남편을 대동하고 말입니다. 선생님은 거기, 나무가 파랗게 물이 오르고 진달래와 개나리가 꽃동산을 이룬 학교 앞 빗속에 우산을 들고 서 계셨습니다. 반백의 선생님을 뵙는 순간 지금에서야 찾아뵙는 저의 잘못은 생각 안하고 가버린 세월이 얼마나 야속하던지 펑펑 눈물이 쏟아졌습니다. 그 긴 세월 동안에도 저를 기억해주신 선생님께 다시 한 번 감사의 말씀을 드립니다.

선생님,

리어카에 가득 쌓인 카네이숀 꽃송이들이 제각기 매달려야 할 가슴을 찾아가는 어버이날이 지나면 선생님의 은혜를 기리는 스승의 날이 다가오곤 하였습니다. 해마다 그때가 되면 저는 소녀처럼 가슴이 뛰었습니다. 한 송이 꽃을 사들고 꼭 찾아가 뵈어야 할 선생님이 가까이에 계신 듯 마음이 분주해졌던 것입니다. 그러나 제가 꽃을 꽂아드려야 할 선생님은 뵈올 길이 없었습니다.

그러나 이젠 가까이 계신 선생님, 선생님께선 정말 보릿고개가 있어 헐벗고 굶주리던 35년 전의 철부지 소녀를 3년 동안이나 선생님 휘하에 맡으시고 물심양면, 그렇습니다. 꼭 물심양면으로 저를 이끌어주셨습니다.

가끔 가끔 내 아련한 추억의 문을 열고 가만히 들여다보면 거기 꿈속처럼 나의 소녀와 선생님이 계십니다. 선생님께서는 제가 공부를 잘한다고 어려운 저의 형편을 알아보시고는 3년 동안 장학생으로 공부하게 해주셨습니다. 그뿐인가요, 선생님께서는 신문에 연재되었던 고등학교 입학시험문제를 날마다 오려다가 제게 갖다 주셨습니다.

한 번은 잊으시고 안 가져 오셨다고 저더러 선생님 댁으로 오라고 하신 일이 있었습니다. 저는 설레는 가슴을 안고 선생님이 기거하시던 과수원으로 찾아갔습니다. 그러나 선생님께서는 저의 설레던 가슴은 아주 모르시고 어서 가서 공부하라고, 아버지처럼 말씀하시며 저를 보내셨지요. 혹시 선생님께서는 나를 제자로서가 아니라 이성으로서 좋아하시는 것은 아닐까 하고 생각하는 저의 철없는 마음을 송두리째 부끄러움으로 가득 차게 하시면서 말입니다. 석양을 등지고 과수원 언덕을 내려오던 그때의 아름다운 노을과 배꽃 향기, 선생님의 거룩한 뒷모습을 저는 지금껏 잊을 수가 없습니다.

그 뿐이 아니셨습니다. 서울에 볼 일이 있어 가셨다가 돌아오실 때는 서울 학생들이 공부하고 있는 좋은 참고서들을 사다 주시기도 하셨습니다. 그 중의 하나였던 〈영어실력에이스〉란 책의 이름은 아직도 기억하고 있습니다. 저는 그때 너무 기뻐서 방에서 나올 줄도 모르고 잠도 안 자면서 그 책을 공부하였습니다. 아니 잠을 안 잔 것이 아니라 너무 기뻐서 잠이 오지 않았던 것입니다.

선생님,

또 있습니다. 선생님은 저의 가정형편이 어려워 서울로 진학할 수 없는 형편인 것을 아시고는 그 바쁘신 중에도 저의 집을 방문하셔서 저의 부모들로 하여금 기어이 진학을 결심하도록 마음을 써주신 고마우신 분이십니다. 그러므로 저는 저를 낳아주신 분은 부모님이지만 저를 키워주신 분은 선생님이셨다고 감히 말씀드릴 수 있습니다.

선생님,

그런데도 저는 선생님의 높으신 뜻을 더욱 발전시키지 못하고는 마음대로 안 되는 것이 세상의 일이고, 내일을 모르는 것이 인간의 일이라는 핑계를 대는 어리석은 사람이 되고 말았습니다. 선생님께서 제게 그렇게 온갖 정성을 다하셨건만 저는 선생님께서 기대하신 만큼의 훌륭한 사람이 되지 못하였습니다. 거기다가 오십이 다 되어서야 선생님을 찾아뵙지 않았습니까? 기껏 한다는 것이 해마다 스승의 날이 다가오면 혼자 눈물지으면서 저의 어린 것들에게 선생님에 대한 말씀을 옛 얘기처럼 되풀이해서 들려주는 것뿐이었습니다. '열과 성의를 다하라' 하시던 선생님의 말씀을 잊지 않고 매사에 금과옥조金科玉條로 삼아 작은 일에도 정성을 다하는 것뿐이었습니다. 한 가정의 주부로서 시어머니를 모시고 남편을 따르면서 어린 것들이나 키워왔을 뿐이었습니다. 임금님과 선생님과 아버지를 한 자리에 놓는 것을 주저하지 않으면서 말입니다.

그러나 선생님, 교육은 백년지계라 하니 저의 어린 것들이나 다른 제자들, 그리고 그들의 어린 것들에 의해서 선생님의 훌륭하신 가르치심은 반드시 면면히 이어나갈 것이오니 너무 서운하게 생각하지 마시고 저를 용서하여 주십시오.

그렇지만, 이나마, 이렇게 부족하나마, 제게 있는 세상의 모든 지식은 선생님의 훌륭하신 가르치심 덕분이라고 또 저는 말씀드리지 않을 수가 없습니다. 눈 감고도 화안히 그릴 수 있는 세계지도와 세계지리 상식, 지금도 읽을 수 있는 영어책, 우리글에 대한 지식과 역사와 세계사 - 그런 것들이 지금 글줄을 씁네 하는 저에게 밑거름이 되고 있습니다. 그것들을 거름으로 빨아올려 훌륭한 글을 쓸 수 있는 사람이 되었을 때 저는 분명히 선생님 앞에 서 있을 것입니다.

선생님,

허물이 많은 제가 버릇없게도 선생님 앞에서 나이를 먹어갑니다. 그것도 용서하여 주십시오 그리고 선생님께서는 부디 세월과 함께 가시지 마옵시기를 기원합니다. 작년에 제가 뵈었던 꼭 그 모습 그대로 계셔야 합니다. 그래야 제가 선생님을 알아 뵐 수 있지 않겠습니까?

별

이건 아니었다. 정말 이건 아니었다. 오랜만에 찾아가는 고향에 이렇게 갈 수는 없었다. 목욕재계는 못했을망정 하얀 모시수건이라도 준비하고 고향에게 내가 찾아간다는 것을, 너무 늦었지만 지금이라도 찾아가는 걸 용서해달라고 미리 귀띔이라도 했어야 했다.

그러나 남편은 운전석에, 그리고 나는 조수석에 앉아 있었다. 또한 내가 아무리 그런 마음을 가지고 있다 하여도 그에게 말을 하지 않은 이상 그는 알 수가 없는 것이다. 남편은 나를 위해 지금 고향인 광천에 가겠다고 하는 것이 아니냐.

복받쳐 오르는 눈물을 훔치고 이제는 눈을 똑바로 뜨고 고향 찾아가는 길을 바라보기로 했다. 갑자기 지난 수십 년 간의 세월이 영화 속 스크린처럼 뇌리를 훑고 지나갔다. 눈물도 그치지 않고 계속 흘러내렸다. 꿈결같이 아름다운 고향을 떠났기에 행복하지 않았노라고 속으로 뇌이며 가고 있었다. 할아버지도, 부모님도 돌아가시고 할머니, 작은언니도 저 세상으로 돌아가고 친정이 은하이던 큰올케도 진짜 은하銀河의 별밭으로 떠났다.

거리에 보이는 이정표—영등포, 수원, 천안, 온양, 도고온천, 삽교, 홍성 등의 이름들이 내겐 하나하나 다 별이었다. 그러나 조금씩 시간이 흐르면서 눈물은 그치고 있었다. 그만큼 시간이 흘렀던 것이다. 남편의 얼굴에도 피곤한 기색이 엿보였다.

차가 장현부락에 다가온 때였다. 나는 여기서 가슴이 막히는 듯 다시 눈물이 비 오듯 쏟아지기 시작했다. 나의 별은 여기에 살고 있었다. 내가 가슴을 아프게 했던 맑고 고운 밤하늘의 별, 내 이런 시절을 가장 환하게 밝혀주었던 별—김현숙이라는 친구가 살고 있었던 곳이었다.

덕명초등학교 5학년 때로 기억된다. 담임선생님은 한기용 선생님이라고, 처음 광천에 오셔서는 우리 집에서 전세를 사시던 분이었다. 현숙이는 모범학생이었다. 인물도 출중했지만 하는 행동 하나하나 다 우리가 본을 받을 만한 그런 학생이었다. 갸름한 얼굴에 유난히 까만 머리, 큰 키에 입 언저리에 흉터가 있었던 아이—조카가 있고 올케가 있어서 그 애에게서 처음으로 조카라는 말도 나는 배웠다.

어느 날이었다. 당시 현숙이는 천주교회당에 다니고 있었다. 점심시간이 끝나기 전이었다. 현숙이는 아이들을 모아놓고 천주님에 대해서 얘기하기 시작했다. 아이들은 현숙이의 말이 신기한지 책상을 가까이 끌어다 놓고 앉아서 듣고 있었다. 나도 옆집에 사는 순애와 놀면서 그 애와 같이 여름성경학교와 성탄절에 따라

다니며 기독교가 무언지 아주 어렴풋이는 알고 있었으나 현숙이처럼 아이들에게 말을 해줄 만큼의 지식을 가지고 있지 않았다.

모르면 국으로 가만히 있으면 좋을 것을 나는 현숙이에게 다가가서 묻기 시작했다.

“얘, 현숙아, 하나님이 어디 계시니, 보여줘 봐.”

나의 이 돌연한 질문에 현숙이는 무척 당황한 것 같았다. 지금 기억으로 그녀는 이 세상에 있는 해나 바다나 그런 것이 다 하나님이 지으신 것이지만 어떤 것이 하나님인지는 자기도 아직 잘 모른다고 한 것 같다. 아니 하나님은 눈으로 잘 볼 수 없다고 대답한 것 같았다.

그러자 나는 재미가 난 듯 더 집요하게 빨리 보여 달라고 떼를 썼다. 그러자 여린 현숙이는 울기 시작했다. 자기도 어찌해야 하는 줄을 모르는 모양이었다.

아이들도 제 자리로 돌아가고 그때 선생님이 들어오셨다. 아이들에게 대충 이야기를 들으신 선생님께서도 가만히 계셨다. 당시 현숙이나 나나 모범생이어서 그러신 것 같았다. 그러나 나는 현숙이가 운 것에 대해서 조금도 마음의 아픔 같은 건 느끼지 않고 있었다.

그 뒤 광천중학교에도 현숙이와 같이 다녔다. 여전히 현숙이는 모범학생이었다. 현숙이는 반장이었고 그림도 잘 그린 것으로 기억한다. 고등학교를 가는 것에서부터 현숙이와 나의 운명은 달라지기 시작했다. 현숙이는 당시 공주간호고등학교로 진학하고 나는 서울로 공부를 하러 올라갔다. 그 뒤 아이들로부터 현숙이가 간호학교를 졸업하고 간호사가 되어 독일로 갔다는 말을 들었다.

그리고 몇 십 년이 흘렀다. 시어머니가 돌아가시고 난 후에야 나는 그리운 광천중학교와 덕명국민학교의 동창생들을 만날 수 있었다. 정말 미친 듯이 보고 싶은 친구들이었다. 장사익은 가수가 되어 있었으며 공부를 잘했던 군자는 동양화가가 되어 있었고, 젤 친했던 소꿉친구이며 매력적인 순애와 원만한 성격의 혜숙이와 예쁘기로 소문난 명숙이와 종원이와 성자를 만나고 실버들같이 부드러운 이연우를 만났다. 그 애로부터 현숙이의 소식을 들게 되었다. 현숙이는 독일에 가서도 어려운 공부를 계속하였다는 것과 그 뒤로 결혼을 하였는데 그다지 행복하지 않았으며 그 결과 몸이 아파 어디 먼 요양원에 가 있다는 날벼락 같은 소식이었다.

나는 정수리를 얻어맞은 것 같은 충격에 휩싸였다. 언제든 다시 만나면 현숙이에게 그때의 내 철없음을 사과하고 싶었는데 기회는 영영 없다는 말인가. 청교도 같았던 아이, 결코 세상의 때에 결을 아이는 아니라고 나도 생각은 했었다. 현숙이를 그때 그렇게 아프게 했기에 그 대가로 나는 그 많은 세월을 눈물로 보내야 했는지도 모른다는 생각을 했었다.

'많은 사람을 옳은 데로 인도하는 사람은 별과 같이 빛난다'고 하였듯이 나의 기억 속에 밝게 빛나는 별 같은 아이, 지금도 나는 현숙이 생각을 자주 한다. 정말 우리가 사는 세상을 맑고 밝게 할 훌륭한 아이인 현숙이 생각을.

언젠가는 그녀를 찾아 나설 생각이다. 나의 아름다운 별이 세상에 살아있는 동안에…….

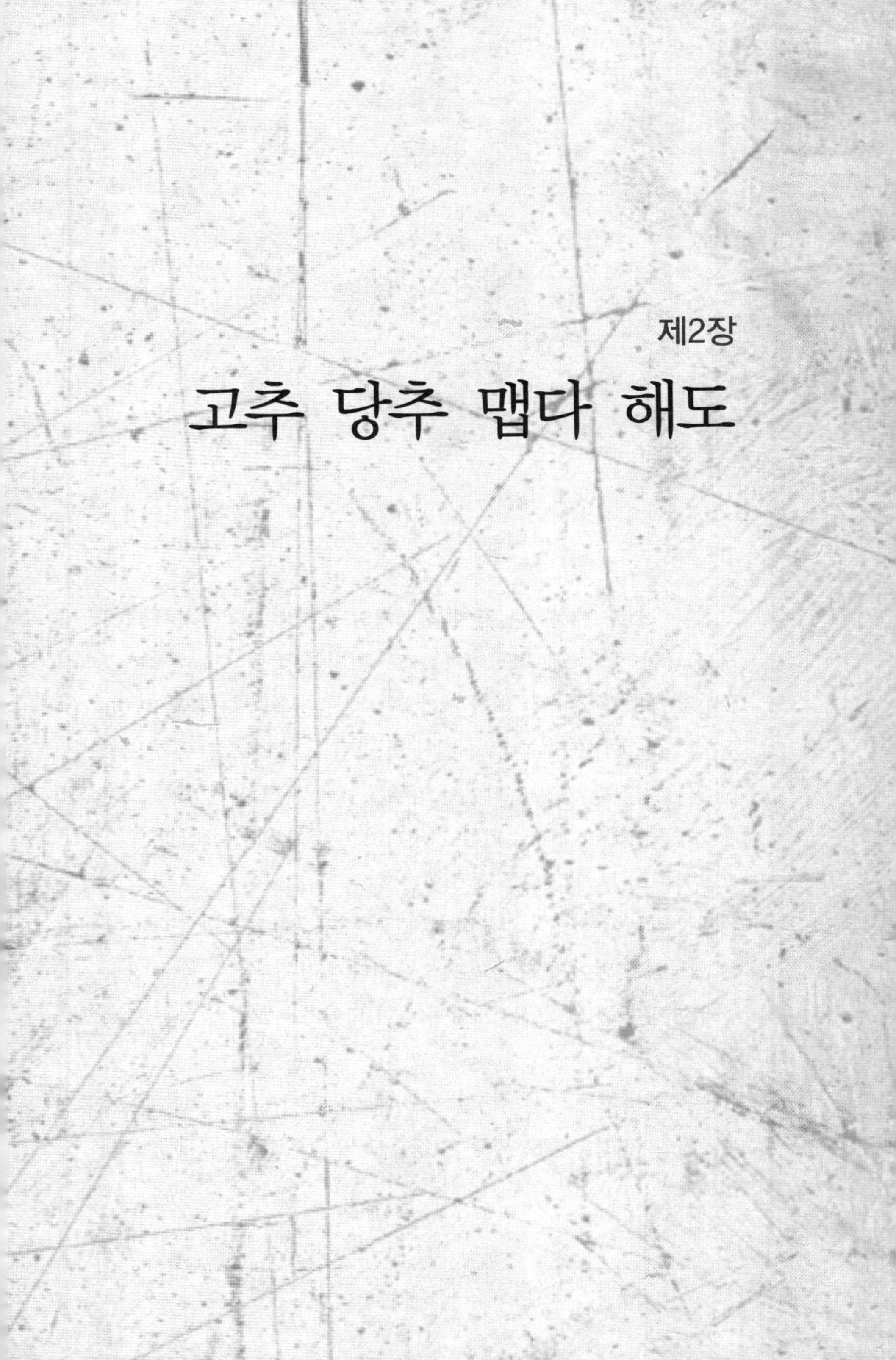

제2장

고추 당추 맵다 해도

빨간 반닫이

집이 오래된 때문이다. 막내 혜영이의 공부방이 습기 차서 벽지가 궁글어 시커멓게 곰팡이가 슬고, 벽지 속의 회灰도 부슬부슬 쏟아져 내렸다. 수리는 하긴 해야 하는데 송장 치우다가 살인난다 듯 집수리 하다가 집 다 부숴질까 봐 걱정도 되고 또 잘못 건드리면 일이 커질까 염려도 되어서 엄두를 내지 못하고 있었다. 그렇게 미루다가 마침내 수리를 결정하고 방안에 있던 책상과 빨간 반닫이를 마루에 내다놓게 되었다.

책상은 아이를 닮아 튼튼하고, 깨끗하고, 보기도 좋았으나 장롱은 쇠장식도 없어지고, 다리도 떨어져나가고 뒷부분은 아예 칠도 벗겨진 채 돌돌 말려있는 모습이 나이 먹어가는 모습의 나를 보는 것 같았다.

온돌의 파이프가 부식되었다고 해서 방바닥의 온돌 파이프도 새로 놓고 벽지도 새로 발랐다. 장판도 다시 깔고 나니 새방이 되었다. 아이에 의해서 책상은 일찌감치 들여놓아졌으나 이 장롱은 방이 비좁다는 이유로 받아들여지지 않았다. 한술 더 떠서 이참에 버리자고 성화를 대었다. 아이들의 말대로 버릴까 하는 마음도 들었으나 23년 전 처음 살림을 시작할 때부터 나와 함께 한 것이라서 선뜻 결정을 내리지 못하였다.

시어머니 모르게 장만하고서 어디서 난 것이냐고 물으시면 우리 집에서 사 준 것이라고 말하자고 남편과 굳게 약속을 했다. 그런 조건으로 들여놓고 한 달에 이천 이백 환씩 열 번을 부어나가기로 했다. 그때 쌀 한말이 일천 육백 환 하던 때였으니 그 결정은 우리에게는 큰 부담이기도, 모험이기도 했다.

그러나 시어머니의 끈질긴 추궁에 어리숙한 우리 남편 덜컥 넘어가고 말았다. 자식 된 도리로야 당연한 일이었겠지만 남편이 그렇게 미울 수가 없었다. 집요하게 밝혀낸 시어머니에 대해 야속했던 내 마음도 마음이려니와 거짓말한 앙큼한 며느리에 대한 시어머니의 미운 마음 또한 서슬이 퍼랬다.

곧 이 반닫이는 나의 마음을 간직한 채 시어머니 방으로 옮겨가게 되었다. 거기서 그것은 슬프고도 부끄러운 내 마음처럼 빨갛게 얼굴을 붉히며 언제까지나 짧은 다리를 디디고 서 있었다.

세월이 흘렀다. 집도 다시 장만하고, 장롱도 다시 사고, 아이들도 자라고, 나도 나이를 먹어갔다. 시어머니 방에도 새 장롱이 들여졌다. 그때 반닫이가 열쇠도 없어지고, 쇠장식도 여기저기 떨어진 상처투성이의 모습으로 내게로 돌아왔다.

버리라는 아이들의 성화에도 묵묵히 들여놓는 남편의 모습에서 무엇인가 뜨거운 것이 가슴속으로 밀물처럼 밀려들어왔다. 붉은 장롱에 얼비친 늙은 마누라의 얼굴이 아직도 예뻐 보였기 때문일까, 아니면 남편도 이 장롱에서 문득문득 신혼의 기억들을 읽어내고 있었던 것일까.

다 낡아빠진 반닫이, 침묵으로 삶을 일관해온 빨간 반닫이는 어느새 23년 전 화사했던 6월의 신부, 6월의 장미가 되어 내 앞에 다시 섰다.

그 붉은 마음 붉은 사랑 나는 변함없이 그에게 줄 것이다.

그래 나는 모른다

조카가 아들 경민이를 우리 집에 데려다 놓고 여행을 떠났다. 일곱 살밖에 안 되었는데도 어찌나 예의 바른지 어른인 내가 입을 딱딱 벌려야 할 때가 한두 번이 아니었다. 그뿐이랴? 불교에 심취하고 있는, 그러니까 경민이에게 할아버지뻘인 우리 남편 앞에서 고사리 같은 두 손을 모으고 양미간을 잔뜩 찌푸리고 하나님께 기도를 올리는 모습은 가히 압권壓卷이라 할 것이었다. 누가 감히 이 호랑이같이 무서운 불교신도 앞에서 하나님께 기도를 올리랴. 아들조차도 교회에 간다고는 하여도 아직 제 아버지 앞에서 기도를 하는 그러한 용기는 내어보지 못했던 것이다.

경민이가 스케치북에 무언가를 그리고 있었다. 그게 무어냐니까 할머니가 그것도 모르냐고 되묻는다.

"그래, 나는 모른단다. 그러니 어서 경민이가 가르쳐 줘." 하고 모르는 척 되물었더니 "옛날에 살던 커다란 공룡이예요. 부론토

사우루스, 티라노 사우루스 그런 거예요.” 한다.

“그래, 나는 모른다. 그러니, 어디 잘 아는 니가 속션히 말을 좀 해봐라.”라는 그 말, 생전生前의 시어머니께서 입버릇처럼 쓰셨던 그 말이 나의 입에서 거침없이 흘러나오는 순간 나는 당혹감을 감출 수 없었다.

오래 전이다. 아마 남편이 월급을 탄 다음날이었던 듯하다. 그 날따라 화장품 외판원 아줌마가 우리 집에를 들렀다. 마음대로 사지는 못하고 그저 무조건 하나 들여놓으라는 그 아줌마의 유혹을 뿌리치고 있는 중이었다. 마침 외출하셨던 시어머니께서 들어오시는 듯 했다.

평소보다 일찍 들어오신 시어머니께서는 ‘어제 월급날이었으니 아들은 분명 제 계집의 손에 돈을 좀 쥐어줬을 꺼여’ 하는 강한 의심을 품었다가 눈앞에서 확연하게 증명해주는 현장과 맞닥뜨리게 되자 현장을 덮쳤다는 확신을 가지신 듯 했다. 화들짝 놀라는 나와 그 아줌마 그리고 방바닥에 어지럽게 널려있는 화장품을 하얀 눈동자로 돌아보셨다.

“그래, 서방이 돈 잘 벌어다 주니께 살판이 났구먼. 지 낯짝 가축할라구 화장품이나 멫 백 만 원어치씩 들여놓는 걸 봉께. 아주 잘 허는 짓이다, 아주 잘 허는 짓이여.”

“아니예요, 어머니.”

“아니긴 뭐가 아녀, 내 이 두 눈으루다 똑똑히 봤넌디.”

이때 일이 심상치 않게 돌아가는 것을 눈치 챈 이 화장품 아줌마, 국으로 가만히나 있으면 좋았을 것을 내 편을 든다고,

"할머니, 아니예요. 돈 없어서 못 산다는 것을 제가 좀 사라구 권하구 있었에요."

"아니, 워떤 아주머닌지는 몰라두 개응셍이 같은 소린 허지두 마슈, 돈이 읎다구? 돈이 왜 읎어? 내 눈을 쇡일려구? 내가 건공대매루 그러는 줄 알어? 이래두 알구 저래두 알구 다 아는 사람이여, 이거 왜 이러는 거여?"

"아이구, 할머니 무섭다고 허드니 증말이시네."

"아니, 뭐가 어쩌구 어째여? 즘잖게 대하려구 그랬넌디 이거 안 되겄구먼, 그래, 화장품인지 빌어를 먹을 것인지 팔었으문 일쯔거니 뒤질러 가야지, 왜 주뎅이는 맞대구 주주물러 앉았는 거여, 누구 흠구(험구)를 허는 거여, 밀담을 허는 거여, 역적모의를 허는 거여?"

"아이구, 그 할머니 증말 소문대로 벽창호시네."

나는 얼른 아줌마를 보내야 되겠다는 생각으로 또 한편으로는 시어머니 앞에서 꾸중 듣는 내 자신의 슬픈 처지에 은연중 분노가 치밀어서 차라리 입을 봉하구 있었으면 좋을 것을 불쑥 퉁명스러운 한 마디를 하고야 말았다.

"어머니는 왜 잘 아시지두 못하시면서 그런 억울한 소리를 하세요?"

하며 눈꼬리를 세웠다. 번개가 번쩍하면 뇌성이 있는 법.

"그래, 나는 모른다, 그러니, 어서, 어디 잘 아는 네가 속 시연히 말을 좀 해봐."

"어머니, 애비가 제게 무슨 돈을 준다구 그러세요, 그리구 무슨 화장품을 몇 백 만원어치씩 들여놔요?"

"오냐, 그래. 이제는 이 시에미 말이 말 같지 않다는 거냐? 그래, 퐁당퐁당, 콩고물 묻을까배 그렇게 말대답을 허는 거냐, 아이구 원통혀."

그러면서 시어머니는 모시적삼을 홱 벗어 땀을 박박 문질러 닦으시더니 창문을 죄다 연 다음 고쟁이차림으로 대문간을 향해 불불이 내려가시더니 이번에는 대문을 활딱 열어젖히셨다.

"동네사람덜, 이리 좀 와서 내 말 좀 들어보슈. 시상에 이런 분헌 일이 또 어디 있나 내 말 좀 들어봐유. 아들 하나 있는 거 불면 날까, 놓으면 꺼질까 거미같이 구엽게 질러놨더니 지집이 잘뭇 들어와서 하루 한 날 조용헐 새 읎이 분란을 일으켜, 그래, 그때마다 내가 한 마디라도 하면, 그애는 그애대로 제 지집 말만을 듣고 혹시 내가 지 지집헌티 너무 심허게 허는 게 아닌가 그런 표정으루 예전에 내게 허듯이 찐덥게 허질 않으니 은연중 모자간의 정리가 멀어진단 말여, 저허구 나 사이에 의 날 일이 워디 있어? 똑 지집 또래 의가 난단 말여. 내가 이러구두 살 수가 있느냔 말여. 이런 분헌 일이 어디 있나 내 말 좀 들어보란 말이유. 시에미가 말을 허면 고분고분 듣는 게 아니라 지망지망허게 말대답을 허여? 콩고물 떨어질깨비 그러는 거여? 어디서 고따우 버르장머리를 배운 거여, 늬 집구석에서 시에미헌티 그렇게 허라구 시키대?"

"……."

"아이구 내 신세야, 저하나 믿구 살었는디 지집이라구 하나 들어오더니 내 신세는 인전 끈 떨어진 뒤웅박이 됐단 말여, 그것두 억울헌디 인전 나를 웬수를 삼으니, 아이구 분혀."

"……."

"질 가는 사람헌티 가서 질을 막구 다 물어봐, 내가 한 마디나 그른가."

"……."

나는 그때 방으로 들어와 말없이 앉아 있었다. 이제는 울지 말아야 한다고 몇 번씩 다짐을 했건만 주책없는 눈물은 듣거니 맺거니 얼굴을 적시고 있었다. 시어머니께서 부채를 탁탁 쳐대는 소리가 들렸다.

"명색 지집이라구 뱀뱀이가 있어, 맨드리가 있어, 소갈찌가 넓어? 아모짝에두 쓸디가 읎단 말여. 온 그렇거들랑 조신허게 이르는 말이나 듣는 게 아니구 즤 맘대루 주물럭거리려구? 흥! 어림두 읎지. 사내자식의 물커진 눈에 그것두 지집이라구 나 몰래 돈 갖다 바치니깨 안하무인이지. 내참, 눈꼴이 시고 아니꼬와서 당최 말이 안 나와. 그리고는 살림이야 지리산이 되든 가리산이 되든 상관않구 낯빠대기에 처바를 화장품이나 잔뜩 사구 지 친정푸네기 헌티루 다 빼돌리구 허는 거 내 모를 줄 알어?"

하시더니 부채 부치는 것으로는 화풀이가 안 되었던지 이번에는 마루를 다 부시는 듯한 소리가 들려왔다. 나는 겁이 났다. 내가 조금만 참았으면 되었을 것을 나는 왜 그 순간 참지를 못했던가. 임금이 편해야 신하가 편하다고 했는데 이를 어찌하나. 이제 남편이 돌아오면 '제3막'이 다시 올려질 건 불을 보듯 뻔한 일인데.

밖에서 나는 소리를 안 들으려고 귀를 막고 '차라리 입을 봉하구나 있을 걸, 왜 나는 시어머니께서 늘, '여우는 봐두 곰은 못 보는 거여'하시던 말씀처럼 여우가 못 되고 곰이 되어서 이렇게 시어머니의 오장을 번번히 뒤집는 것일까? 그런 생각을 하며 흐르는 눈물을 닦으며 앉아있었다. 시어머니의 노여움이 스스로 가라앉기를 기다리면서.

한동안 고요가 집안을 휩쓸고 있었다. 무슨 일이 일어나려고 갑자기 적막이 찾아온 것일까? 혹시? 두려운 마음이 일어 살짝 일어나 창문으로 대문께를 내다보았다. 역시나였다. 임의동행인지 반강제였는지 하여간에 이웃집 아줌마가 시어머니 손에 이끌려 우리 집 안으로 들어서고 있었다. 빈번한 일이어서 동네 아줌마들도 우리 집 일에 개입하지 않으려고들 했지만 어쩌다 이렇게 시어머니의 완강한 권유에는 거부의 뜻을 밝히지 못하고 이 순진한 아줌마는 쫄레쫄레 따라 들어왔던 것이다.

귀를 막았어도 말은 다 들리었다. 때리는 시어머니보다 말리는 시누이가 더 밉다고 내 편을 드는 듯 하면서도 시어머니 말에 맞장구를 치던 그 아줌마가 미웠다.

경민이가 내게로 다가오더니, "할머니, 스케치북 사줘요" 했다. 방금 전 제 말은 까맣게 잊고 넉살좋게 다가와서 무엇을 사달라고 조르는 것이었다. 순진무구한 동심의 입에서 나온 말로도 내가 이렇게 씁쓸해 했을 때 그 연배의 어른들이 대부분 그렇듯 숫자나 겨우 아시고 혼자 살아오신 것까지도 모두 자격지심이 되셨을 시어머니는 내가 무심코 내뱉은 말로 하여 얼마나 서러우셨을까?

사실 시어머니께서는 내게 돈이 없고 화장품도 맘대로 들여놓을 수 없다는 것도 알고 계셨을 것이다. 그래 부모된 입장에서 눈 앞에서는 미워도 돌아서면 불쌍해지는 그런저런 걸로 마음을 앓으시다가도 무슨 조화 속으로 보이기만 하면 미워서 한 마디 하신 것에 불과했을 것이다. 그런 줄도 모르고 남 보는 앞에서 말대답을 했으니.

무언지 모를 한 줄기 바람이 가슴을 훑고 지나갔다.

청국장

여름가기가 무섭게 청국장을 담가주시곤 하시던 시어머니가 안 계셔서 이제 내가 담그려니, '열무김치 담글 때면 님 생각이 절로 난다'는 노래처럼 내가 그토록 마음 아프게만 해드렸던 시어머니와 지난날이 다시금 생각나서 나는 비통한 마음을 누르며 한동안 앉아있었다.

그러다가 개 짖는 소리에 홀연히 옛 생각에서 벗어나 앞치마를 털며 일어나 물에 담가놓았던 황백색의 국산콩을 불에 올려 누런 빛이 들도록 대여섯 시간을 푹 삶았다. 삶는 동안 다락에 올라가 시어머니께서 전에 쓰셨던 헌 소쿠리를 가져다가 깨끗이 씻어 물기가 빠지게 엎어 놓고, 지하실에 가서 김칫거리나 나물 등을 사올 때마다 모아두었던 볏짚도 꺼내다가 씻은 후에 이것들 역시 햇살에 널어두었다.

바짝 마른 소쿠리에 잘 마른 짚을 깔고 그 위에 푹 삶은 콩을 얹어 전기장판 위에 올려놓고 담요를 덮어놓았다. 왕겨나 솔가리를 땐 아랫목에 까만 홑청 광목이불을 덮어 청국장-우리 고향인 광천에서는 퉁퉁장이라 불리는-을 띄우시곤 하던 친정어머니나 시어머니 흉내를 나도 내고 싶었지만 이미 고향과 함께 기억 저편으로 사라져버린 아궁이와 이제는 늙으신 어머니와 집수리 후 윗목, 아랫목 구별이 없는 보일러 방구들에서는 띄울 수 없어 궁여지책으로 전지장판을 사용한 것이다. 그러나 과열로 인한 화재가 염려되어 플러그를 뽑았다, 끼웠다 하며 며칠을 지냈다.

사흘 후 궁금한 마음이 들어 살며시 들쳐보니 희뿌연하게 변한 누런 콩들이 제법 구수한 냄새를 풍겼다. 서너 개를 집어보니 끈끈한 실이 길게 늘어졌다. 첫 작품은 그런대로 성공이었다. 이것을 시어머니께서 보셨다면 굼벵이도 구는 재주가 있다고 그러셨을 것인데.

일하기를 즐겨하셨던 시어머니께서는 가끔씩 마당에 화덕을 내놓게 하고 거기에 연탄불을 피우도록 내게 말씀하셨다. 그건 아주 가끔씩, 그리고 오랫동안 계속된 일이었으나 무엇을 하는지도 모르고 불을 피워야 한다는 것, 그것은 참으로 귀찮고도 하기 싫은 일이었다. 건잠머리하였으면 오죽이나 좋았으랴.

그러나 어느 틈에 콩을 물에 담가놓으셨던 시어머니께서는 나의 마음은 알지도 못한 채 청국장을 만든다는 뿌듯한 얼굴로 솥밑이 눌어붙을 때까지 연탄불 위에 콩을 삶으셨다. 그리고는 엿 고은 방같이 뜨끈뜨끈한 시어머니 방 아랫목에 띄울 콩을 놓고 그 위에 담요를 덮어 놓으셨다. 아이들이 냄새난다고 코 막는 시늉을 하면 아범이 좋아하는 담북장이니 늬덜은 아무 말도 하지 말고 며칠만 참으라고 하시며 술 담그시던 때처럼 아랫목에 푹 덮어 놓으셨던 것이다.

그렇게 정성으로 청국장을 담그시는 시어머니셨지만 나는 고운 시선으로 바라보지 아니하였다. 시골, 청천에 가실 일이 있으면 으레 청국장을 담가 아랫목에 신주단지처럼 묻어 놓고 가셨다가 그 핑계를 대고 서둘러 서울로 올라오시곤 하던 것으로 내 눈에 비쳤기 때문이었다.

"성, 오랜만에 댕기러 왔으니 메칠 더 쉬셨다 가. 서닝이 에미기 좀 피게" 하고 나를 생각해서 시어머니를 단 며칠이라도 붙들려는 작은어머니의 말에,

"아니, 나 있으믄 기 뭇 핀댜? 자네 원제버텀 그렇게 서닝이 에미 생각했나? 그 씨알머리두 안 맥히는 소리 허지두 말구 밥 있걸랑 어여 여기 한 술만 내와. 먹구 이따 밤차루 갈랴." 하시며 술적심도 없이 강다짐으로 허겁지겁 밥을 입에 퍼 넣는 시어머니를 바라보다가 숭늉을 떠온 작은어머니는 다시,

"아니, 성, 집에 꿀단지 묻구 왔대여, 그렇게 서두르게? 반죽이 눅을 때는 홍제원 인절미 같다 가두 조급증이 나믄 똑 가랑잎에 불붙는다닝께유"

그러자 시어머니께서는 숭늉을 빼앗듯 가져다가 밥그릇에 부어 물 말은 밥을 목구멍에 들이붓듯 밥그릇을 비우시고는,

"아따, 자네, 우라지게 사설두 많네 그랴. 담북장을 담아 놓구 왔단 말여" 하며 행여 누가 붙잡을까 두려운 사람처럼 청주로 해

서 서울로 잰걸음을 불불이 옮기셨을 것이 틀림없다고 나는 단정을 했던 것이다.

잘 띄워진 콩을 절구에 빻고 거기에 소금, 찐 마늘과 고춧가루를 조금 넣은 후에 항아리에 꼭꼭 눌러 담아놓았다. 청국장을 담고 나니 뿌듯한 마음과는 달리 눈 앞은 뿌연해지고 말았다. 시어머니께서는 발효가 되는 그 사흘이라는 시간을 아시기에 부득이 서울로 오셨으련만 나는 '그저 하루라도 빨리 아들에게 오고 싶으셔서, 하루라도 더 며느리 시집살이 시키고 싶어'오시는 것으로만 생각하고 시어머니와 연탄화덕과 연탄불, 그리고 청국장까지 미워했던 것이다.

첨단 우주과학시대라 하여도 우리는 여전히 예전 우리 조상들의 지혜로 만들어 먹은 이 청국장 같은 발효음식을 먹으며 살아가고 있다. 이것을 보면 돌아가신 우리 시어머니처럼, 개관사정蓋棺事定이라는 말처럼 진정한 가치와 평가는 시간이 경과한 뒤에 더 빛이 나는 모양이다.

오늘 저녁 이 청국장을 뚝배기에 보글보글 끓여서 저녁 밥상위에 올리면 남편은 분명히 어머니 생각을 할 것이다. TV 〈우정의 무대〉의 '그리운 어머니'를 볼 때처럼 눈가가 붉어질 것이다. 그러면 아마 나도…….

비 오는 날의 버스 정류장

'탁',

대문소리가 났다. 창문으로 내다보니 우산 하나는 쓰고 또 한 개의 우산을 옆구리에 끼고 대문을 나가시는 시어머니의 모습이 눈에 들어왔다. 남편의 비 마중 나가려고 코트를 주워 입었다가 도로 벗었다.

골목을 지나 큰 길로 나오자 시어머니는 곧 횡단보도를 건넜다. 그런 다음 비가 덜 들이치는 '금성 신사대리점'의 추녀 끝으로 가서 계셨다. 한 대, 두 대의 버스가 달려왔으나 아들의 모습이 거기에는 없었다. 조급증이 나신 시어머니는 마른 코를 팽 풀고서 전봇대에 씻으려고 전봇대를 찾았으나 이즈음의 전봇대라는 게 시멘트로 된 것이라서 거기에 문지를 엄두를 못 내고, 요즘 시상 좋아졌다구 해야 좋아진 거 하나두 읎다는 생각을 하며 잘름한 치마를 뒤집은 뒤 거기에 쓱싹 닦았다. 다시 불어치는 비바람에 아랫

도리가 후들후들, 골머리까지 지끈지끈 내둘려서 똑바로 서 있기가 힘들어지니 자연 허리가 구부정해졌다.

“이 노릇도 이전 못 허겄구먼.” 하고 한숨을 토해 낸 시어머니는 ‘그렇다고 내가 안 나올 수는 읎지.’ 하며 마음을 다져먹고는 가물거리는 눈으로 신사다리 저편을 쏘아 보았다. 한참 만에 다시 한 대가 물방울을 튀기며 기세 좋게 달려왔다. 그러나 눈 빠지게 기다리는 아들은 이 차에도 타지 않았던지 내리는 손님 중에 들어있지 않았다. “아니, 왜 이렇게 못 오는 거여.” 성미 급하신 시어머니는 박카스 생각에 텁텁해진 입맛을 다시며 건널목을 다시 건너 ‘원명약국’으로 들어갔다.

“아유, 광호할머니, 나오셨어요?”

“그려, 비가 오걸래 아범 우산 들고 나오는 질여.”

“광호엄마보고 나오래지 왜 할머니가 나오셨어요? 비바람이 찬데.”

“아무 말 말고 어여 여기 박카스나 한 병 내놔.”

“예, 할머니.”

시어머니는 그 몽당치마를 훌떡 젓히고 고쟁이에 꿰매서 달아놓은 주머니를 뒤적뒤적해서 동전 몇 개를 꺼내 들었다.

“할머니, 그냥 드세요.”

“번번이 이렇게 신세를 쪄서 워쩐댜.”

“괜찮아요, 할머니.”

약사가 상냥스럽게 건네는 박카스를 빼앗다시피 받아들은 시어머니 얼굴의 주름이 환하게 펴졌다. 시어머니는 아주 익숙한 솜씨로 박카스 병뚜껑을, 예전에 우리 집에 있던 귀가 잘 안 들리는 김 서방에게 우리 아버지가 닭장에 닭 잡아 넣으라고 했을 때 멀쩡히 산 닭의 모가지를 죄다 비틀어 놓았던 것처럼 확 비틀었다. 조금도 서툴지 않은 경쾌한 소리가 났다. 그런 다음 감질나는 한 모금을 눈 딱 감고 천장을 응시하면서 벌컥벌컥 들이마셨다. 빈 병이 수북하게 쌓여있는 박스 속에다 휑하게 던져 넣고 다시 횡단보도를 건너오신 시어머니는 빗속에 버스의 모습이 한 대도 보이지 않자, 이번에는 그 조급증을 진정시키기 위해 치마 한쪽을 들어 올리고 담배 한 개비를 꺼내서 불을 댕기기 위해 추녀 끝으로 바짝 다가섰다. 감기를 심하게 앓으셨던 시어머니의 코에서 단내가 올라왔다. "그저 이럴 때는 담배가 지일이지. 이걸 안 배웠더면 워쩔 뻔 했는지." '칙' 라이터 키는 솜씨도 시어머니는 일품이시다.

"에잇, 빌어먹을 놈의 버스 같으니라구. 아니, 버스 운전사덜 손모가지가 얼어붙었나 왜 못 오는 거여."

무료해진 시어머니는 주위를 한 번 휘둘러보다가 마침 곁에 서 있는 젊은 새댁을 발견하고는 말을 걸었다.

"애기 아빠 나중 나왔남?"

그렇다고 고개를 끄떡이는 젊은 애기 엄마를 보자 시어머니는 괜시리 심사가 뒤틀렸다. "우리 집 여펜네도 이렇게 조신하게 생겼으면 을마나 좋을꾸. 기집이라구 속이나 넓어, 제대로 할 줄 아는 것이나 있어. 꼭 밴댕이 소가지 같은 게 다기스럽기 그지 읎구 똑 어린애처럼 소양배양허니. 원 이런 여자는 좀 상냥혀. 그 중에 잘났다구 희구 젓히구 야료를 떨며 돌아다니는 꼬라지란. 에. 눈

꼴시어서 내 그 꼴 못 보지. 그리구 그렇게 잘난 지집이 흡버 '어머니, 이건 어떻게 해요? 어머니, 잘못했어요.' 소리 한 마디나 헐 줄 알어? 아가리에 개짐을 물었나, 말 많이 하고 죽은 귀신이 덮어 씌었나. 뱃속에 육지배판*을 했으면 뭘 허는 거여, 말을 해야 맛이지. 에구."

애꿎은 담배꽁초를 홱 집어던진다는 것이 도로변 맨홀뚜껑 위로 떨어졌다. 이제 이것을 치울 사람은 우리들의 청소부아저씨다.

그때 언제 왔는지 버스 한 대가 스르르 멎더니 옆구리에서 배설물이 쏟아지듯 한 떼의 사람들이 내리는 중에 드디어 시어머니가 이제껏 기다리는 한 사람이 내렸다.

"엄니, 왜 나오시느라구 그래유? 에미보고 나오라잖구."

아들의 목소리를 듣자 반가움에 눈물이 찔끔 돌면서도 아들의 그 '에미'라는 말에 발끈해진 시어머니는 혼자말로 중얼거리셨다.

"그저 그것도 지집이라구 입만 벌리면 지집 얘기지. 허우대는 멀쩡해가지구설랑. 음."

빠른 걸음의 아들을 좇느라, 아들의 우산 속에 들어가느라 시어머니는 꼭 등줄기가 바짝 꿰어 들린 모양이었다. 아무리 그래도 아들의 곁이라 시어머니의 얼굴에는 아주 흐뭇한 미소가 흘렀다. 그리하여 전승장군처럼 당당하게 골목길로 접어들었다. 약국 안에서 바라보는 약사에게도 멋쩍은, 그러면서도 의기양양한 웃음을 지어 보내는 것을 잊지 않고서.

가겟집 앞에 다다른 아들은 과일을 죽 훑어보았다.

"엄니, 참외 사 드류?"

"뭘, 금방 저녁 먹었는걸. 애덜이나 사다주던지."

"아줌니, 참외 좀 줘유. 요플레허구유."

마음 좋게 생긴 흥진수퍼 아주머니가, "할머니, 참외 이거 아주 단 거예요." 하며 시어머니를 돌아본다.

"그려, 워냥 참외는 달으야지 곯으면 못 먹는 거여."

아들은 참외랑, 도마도랑, 요플레랑 봉지에 수북하니 샀다. 무거운 봉지라 아들이 들으려 했지만 어느 틈에 시어머니 손에 들려져 있었다.

골목길로 들어섰는지 개 짖는 소리가 컹컹 났다. 이어서 벨 소리가 빗속을 가르며 다급하게 들려왔다.

"애덜아, 아빠 왔다."

기분 좋아지신 시어머니 목소리에 생기가 가득하였다. 우리 시어머니께 날마다 이런 날만 있었다면.

이때가 내가 천천히 등장하는 시간이다.

"어머니, 다녀오세요?" 하고 내가 인사를 했을 때, 참외 봉지를 들은 시어머니의 모습은 이미 보이지 않았다.

언젠가 또 비오는 날이었다. 우산 하나를 쓰고 또 하나는 옆구리에 끼고 남편을 만날 기쁜 생각으로 유유히 골목길을 빠져 나갔다. 그러나 오랜만의 남편 마중은 원명약국 앞에서 멈추지 않으면 안 되었다. 어느 틈에 나가셨는지 시어머니께서 예의 그 전자대리점 앞에서 잘름한 치마를 달달 떨면서 서 계셨던 것이다.

아들이 비 맞을까봐 그렇게 노심초사, 내가 나갈까봐 앞질러서 우산을 들고 나가시던 시어머니는 왜 말없이 땅속에 누워만 계신 것일까?

요즘은 차 몰고 다녀 남편 마중할 일이 없으니 그곳에 가서 시어머니의 언어들을 주워오는 것뿐이다.

그때처럼 겨울비 추적추적 내리고 낙엽이 을씨년스럽게 뒹구는 버스 정류장에서.

(1994년 12월, ≪그레이스수필문학≫)

* 육지배판: '육조배판六曹排判'의 잘못. 요즘말로 하자면, '국무위원을 배석시킴'의 뜻.
배판: 벌려서 차림

커피, 내 설움의 맛이여

나쁜 생각을 하며 설거지를 하다 보면 곧잘 머리를 찬장 문에 부딪치는 일이 있다. 우리 두 사람의 결혼생활이 바로 그랬다. 예전에 어떤 행동의 결과는 늦게 나타났다. 소설에도 보면 착한 일을 한 사람이 복을 받는 것은 꼭 그 사람이 죽을 때였다. 그런데 요즈음은 소설조차도 그런 주제만을 담고 있지 않을 뿐더러 그렇게 끝맺음도 하지 않는다.

스스로 '죄인'이라는 생각으로 보아도 못 본 척, 들어도 못 들은 척, 하고 싶은 말도 삼키고 살았다. 그렇게 지내던 어느 날이었다. 브루나이에 가서 살던 사촌동서가 다니러 오면서 집집마다 커피와 프림을 선물했다. 그때(1980년)만해도 어려운 시기였으나 커피를 못 마실 그런 형편은 아니었는데 오래 해외에 나가 있던 사람들은 아직 우리나라의 형세가 어려운 줄 알고는 커피를 사오는 것이었다. 우리 집은 어른이 계시다고 제일 먼저 와서 커피를 내놓고 갔다. 그 커피와 프림이 곧 시어머니 방에 있는 찬장 안에 들여놓아지게 되었다.

가끔씩 시어머니의 친구분들이 놀러 오시면 나는 때를 맞추어 정성껏 점심을 짓곤 했다. 그렇게 지은 점심상을 들여가면 주름진 얼굴마다 파문처럼 웃음이 일었다. 힘은 들어도 즐거움을 느끼며 부엌으로 돌아와 설거지를 하는데 방 밖으로 딸그락 딸그락, 커피잔에 스푼이 닿는 경쾌한 소리가 연달아 들려왔다. 뒤이어 물이 끓어 벌렁거리는 커피포트 소리가 나고 곧 커피의 구수한 냄새가 번져 나오기 시작했다. 나는 오랫동안 굶고 들어앉았다가 밥 냄새를 맡은 사람처럼 커피 냄새에 익숙해진 코를 벌름거리며 부엌으로부터 걸어 나왔다. 예전에 직장에 다닐 때 아침마다 먹던 커피, 남편과 데이트할 때 뜨거운 사랑의 밀어와 함께 내 목을 거쳐 내 가슴을 휘돌며 나를 적시던 커피의 향을 맞이하기 위해.

다시 몇 년 후에 동서가 귀국하였을 때 그때도 여전히 선물은 커피였다. 브루나이에는 공산품이 없어 싱가포르를 거쳐 홍콩으로 나오는 도중에 쇼핑하기 때문에 자연히 미국산 커피를 사게 된다는 것이었다. 그러나 그 선물보다도 더 비극적인 것은 그때까지도 내 시집살이가 풀리지 않아서 커피를 내 맘대로 마실 수 없는 것이었다. 따라서 작동을 계속한 것은 여전히 내 코와 귀였다. 시집살이에 다 막혔을 코와 귀가 왜 커피에 대해서만 열렸는지 모를 일이었다.

세월은 다시 갔다. 큰딸이 대학에 들어가고, 아들도 대학을 들어간 때 그때도 물론 시어머니와의 화합은 없었으나 경제권은 내게로 온 때였다. 그렇다고 시어머니방에 있던 커피와 프림까지 넝쿨째 내게로 굴러 온 것은 아니었다. 내 손으로 사 먹을 수 있게 된 것이다. 그러나 호사다마였다. 그때 나는 심한 빈혈과 저혈압으로 고통을 받고 있을 때여서 승계된 막강한 권세–커피는 그림의 떡이 되고 말았다. 또한 슬픔도 홀로 오지 않았다. 시어머니께 중풍이 온 것이다. 남편과 형님들, 그리고 아이들의 극진한 정성으로 시어머니가 회복하시자 나도 건강을 되찾음과 동시 홀짝거리며 커피를 마실 수 있게 되었다. 그렇게 여유를 찾게 된 내게 다시 들이닥친 또 한 번의 우환–시어머니의 두 번째 중풍에 이어진 시어머니의 사망으로 나의 커피는 먼 기억 속에 잠재워 놓아야만 했다.

산다는 것은 우스운 일이었다. 돌아가신 시어머니 생각에 통곡을 하다가도 돌아서서는 밥을 먹었다. 살림살이는 하나라도 집으로 끌어 들여오지 못해 안달을 하면서도 사람은 죽으면 살림살이만도 못하게 되는 것이니 말이다.

그러나 나도 별 수 없이 그런 사람들 중의 하나여서 장례를 치루기 전 손님 접대를 위해 커피와 프림과 산 사람들 먹을 것들을 사들였다. 별일 없이 장례를 다 모시고 나자 긴장이 풀린 손위 형님들이 커피를 끓여 내오라고 하였다. 감겨지는 눈들을 하고서도 돌아가신 시어머니에 대한 회상과 시어머니에 대한 추억으로 밤이 깊은 줄도 몰랐다. 커피를 마시던 형님이 울먹이는 음성으로 말문을 열었다. '자네 앞에서는 심하게 하셨지만 돌아서기만 하면 자네 몸 걱정을 얼마나 한지 아나?' 나는 뜨거운 커피 잔에 뜨거운 눈물을 텀벙텀벙 떨어뜨렸다.

삼우제三虞祭를 지내기 전 유품정리를 했다. 즐겨 입으시던 옷과 핸드백은 저 세상에 가서도 갖고 다니시라고 차에 실었다. 금목걸이는 형님이, 금반지는 내게로 돌아왔다. 찬장을 열어 보았다. 거기에 커피와 프림이 각각 한 병씩 들어있었다. 내가 냄새만 맡아오던 커피, 시어머니에 대하여 열리지 않은 내 마음처럼 굳어버린 커피, 내 설움의 커피가.

그것도 나는 장지에 갖고 가기 위해 차에 실었고 새로 사온 커피와 프림은 예전 사촌동서의 마음을 닮으려 일 치르느라고 애쓰신 친척 형님들한테 골고루 나누어 드렸다.

시어머니의 갑작스런 돌아가심과 그간 느꼈던 삶의 허무 등으로 나는 글을 쓰기 시작했다. 원고지 앞에서 슬픈 기억 속에 잠재워 놓았던 커피와도 다시 만났다. 내가 커피를 선택하면 그윽한 커피의 향과 깊이와 나는 하나가 되고, 하나가 된 나는 가슴 깊은 곳으로부터 내 언어들을 길어 올린다. 그것들에 나는 깊은 맛과 향을 부여해야 한다. 수필에 멋과 향이 없으면 수돗물과 같다고 했으니 이제 나는 쓸 것이다. 커피같이 따뜻하고 향이 있는 글을.

불 밝던 창

시어머니와의 사소한 의견 충돌로 집을 나오면 어디로 가야 하나 막연해지곤 했다. 그러나 곧 갈 곳이 있다는 듯 발걸음은 언제나 버스 정류장으로 향하였다. 나를 실은 밤 버스는 어둠을 헤치며 서울역을 향해 달려갔다. 빗물이 흘러내리는 차창에 내 얼굴이 비치고 있었지만 시간이 조금 지난 후에는 서울역 대합실의 차창에 어른거리고 있었다.

모두들 아침에 떠나온 집으로 귀가하는 밤, 피곤하긴 해도 식구들을 만날 기쁨에 부푼 모습들이 거리에 넘치는데 그 행복의 파도를 넘어 나는 슬픔의 해변으로 향하고 있었다.

언제나 그리웠던 장항선열차, 그 기차도 슬펐던지 차창 밖이 뿌앴다. 사람들의 시선 같은 것에는 개의치 않고 손수건으로 눈가를 찍어대며 나는 생각에 잠겨 있었다. 지금 이 시간이면 남편이 잠자리에 들 시간이었다. 어린 것들도 할머니 곁에서 잠을 청할 시간이었다. 그런데 아이들은 나를 엄마로 둔 까닭에 이불 속에서 눈물이나 떨어뜨리면서 그들만의 슬픔을 삭이고 있을지도 모른다. 왜 나는 그들에게 이렇듯 슬픔만을 주는 엄마일까 왜 나는 그들 곁에 있지 못하고 여기 있는 것일까?*

저녁을 먹고 나서 느긋한 마음으로 드라마를 보고 있던 친정식구들이 놀라움으로 나를 맞이했다. 보란 듯이 잘 살아도 부족한데 툭하면 보따리를 싸들고 친정행인 나를 말이다. 그렇게 들어간 친정에서의 첫날밤은 시어머니에 대한 미운 마음과 기억들이 머릿속을 엉클어 놓았어도 친정이 주는 푸근한 맛에서 잠은 푹 잘 수 있었다. 그러나 그 다음날부터는 맛을 느끼기는커녕 입맛이 깔깔한 게 모래를 씹는 것 같았다. 아무리 친정이 편하다 해도 출가외인이, 더구나 이렇게 와 있으니 어떤 음식인들 맛이 있을까.

오로지 눈 속에도 마음속에도 아이들과 남편에 대한 것뿐이었다. 더구나 이웃집 창문마다 전등불이 바알갛게 들어오면 이때쯤 퇴근해서 돌아왔을 남편의 모습이 못 견디게 그리웠다. 보글보글 끓인 된장찌개가 행여나 식을세라 동그란 연탄아궁이 두꺼비 위에 올려놓았다, 내려놓았다 하면서 남편을 기다리던 지나간 어느 날의 기억이 못 견디게 나를 슬프게 했다.

오직 행복이라는 것은 저 창문 안에만 가득하게 들어있는 듯이 생각되었다. 저 사람들은 얼마나 행복할까, 밖에서 이렇게 바라보는 사람을 상상이나 할까? 그러나 내 마음의 한 부분은 그들이라도 행복한 것을, 나 외의 다른 사람이라도 행복하기 바라는 여유를 갖고 있었다. 그리고 만약 내가 시집살이 힘들다고 떠난다면 다른 여인이 와서 당할 것인데 그럴 바엔 차라리 내가 당하는 게 좋겠다는 생각을 했다.(정지용시인의 '우리 새끼들도 모색이 다른 어미한틔 맡길 것을 나는 울었다'가 이런 걸까). 여우는 봐도 곰은 못 본다는 시어머니 말씀은 야속했지만 토기 피하려다 범 만난다는 말씀은 종교처럼 붙들고 있었다.

여고 시절 음악시간에 부르던 '불 밝던 창'이란 노래가 떠올랐다. 그러자 도저히 못살겠다고 생각했던 시집으로 도로 들어가야겠다는 생각이 굴뚝같이 피어오르는 것이었다. 한번 생각을 하니 그것은 밀물처럼 밀려 들어와서 나를 마구 떠밀었다. 하나님께서 에덴 동산의 처음 사람들에게 물었던 것처럼 나도 "너는 어디에 있느냐"고 묻고 또 묻고 있었다.

장기전長期戰을 벌일 줄 알고 마음의 준비를 하던 친정식구들은 허허한 기분으로 나를 붙들었다. 이렇게 나왔으면 끝마무리를 잘해야 한다, 이렇게 싱겁게 가면 어떻게 하느냐, 이럴 바에는 애당초 나오지를 말았어야 했다, 그리고 이렇게 들어가면 네 신세만 고달파진다고. 정말 그건 맞는 말이다. 이렇게 들어갈 바에 나오지를 말아야 했다. 그러나 아무 말씀이 없으신 연로하신 어머니와 아버지－파란 보리밭을 밟으며 '못된 며느리가 효도하는 며느리'가 된 옛 얘기를 해주시던 아버지를 뵙기가 어려웠다.

서둘렀다. 그러나 되돌아가려니 태산 같은 걱정이 나를 가로막았다. 아이들과 남편에게 부끄러워서 어떻게 하나 용기도 없는데, 서슬 푸른 시어머니께 가서 무어라고 말씀을 드려야 하나.

'이번에 가면 시어머니를 천사라 생각하고 내 마음을 열고 사랑하도록 노력해야지, 그런 마음을 먹고 떨리는 마음을 누르고 담대하자고 입 속으로 되뇌면서 친정집 문을 나섰다.

하릴없이 도살장에 끌려가는 소 같았다. 기차는 그날따라 왜 그리도 빠른지 나를 순식간에 서울에 데려다 놓는 것이었다. 남편과 아이들을 만날 생각을 하면 빠른 것이 기뻤으나 시어머니를 다시 뵐 생각을 하면 기차가 무정하게만 여겨졌다. 옛날 화통을 달고 기적을 울리며 달리던 고향의 기차라면 내 심사를 알았으련만 화통도 없는 기차가 어찌 그것을 알 것이냐.

터덜터덜 걸음을 떼었다. 어느덧 집 앞이었다. 벨을 누를 용기가 없어 한참을 서 있었다. 그때 불이 바알갛게 들어와 있는 내 방, 내 행복의 창문이 눈에 들어왔다. 주저하지 않기로 했다.

"어머니, 잘못했습니다."

"아니, 나간 집에는 왜 들어오는 거여, 그리구 잘난 늬가 무엇을 잘못했구, 그래, 니가 보기에 내가 그렇게 문문허게 보이는 거여?"

천사라고 생각해야지 했던 시어머니는 무서운 사람으로만 보이었고 시어머니의 손을 잡고 정말 뜨거운 눈물을 흘리려 했건만 시어머니 앞에 오니 그런 생각은 마음뿐이었다. 내가 천사가 아니니 다른 사람이 천사로 보이지 않는 모양이었다.

그래도 조금은 반성을 한 것 같았다. 나를 받아주신 시어머니가 고마워서 평소에는 귀를 막고 싶었던 말들을 단약으로 들었다. 친정언니의 말처럼 그다음 날부터 또 죽어지내기로 했다. 이것을 보면 자기가 못 나서 시집살이 한다는 말은 참말로 맞는 말이다.

방으로 들어오다가 보니 부엌에 배추 절여놓은 것이 있었다. 나

없는 며칠 새 시어머니께서 얼마나 고생하셨는지를 알 수 있었다. 가슴이 저려왔다. 내일 일찍 일어나서 정성껏 담그기로 했다. 남편을 곁에서 볼 수 있다는 것, 아이들을 내 곁에서 볼 수 있다는 것을 생각해서 어떤 어려움이라도 견디어 내리란 결심을 하던 새벽이었다. 부엌에서 절구통에 무엇을 찧는 소리가 들려왔다. 아마 시어머니께서 김치를 담그시느라 마늘을 찧으시는 모양이었다. 그냥 놔두시면 내가 담글 것을 그새를 못 참으시고. 잠자리에 누워 있는 것이, 남편 곁에 누워 자는 것이 꼭 바늘방석에 누운 것 같았다. 쿵쿵쿵, 마늘 찧는 소리가 가슴을 마구 찧어대었다. 그 소리에 방 벽이 허물어지는 듯 했다. 내가 불 밝은 행복의 창에서 나와야 할 때가 된 것이다.

잠자기 전 내 행복의 창문 안에서 창밖의 불행한 사람을 위하여 기도하는 것을 잊지 않는다. 지금도 나는.

* 지난날 아이들의 슬픔을 생각하면 죄스럽기 그지없다.. 그럼에도 잘 커 준 자식들에게 고맙고 미안한 마음을 전한다.

베 조각보

시어머니 제사를 모시기 위해 제수를 장만해다가 베 조각보로 덮어 놓았다. 생전에 시어머니께서 즐겨 쓰시던 것을 내가 쓰려니 마음이 숙연해졌다. 베보자기를 만지는 내 손끝이 떨렸다. 시어머니께서는 이것이 당신을 위해, 또 이렇게 일찍 쓰일 줄 그때 생각이나 하셨을까?

오래 전 일이다. 점심 설거지를 마치고 방에 들어와 누우려는데 시어머니께서 부르셨다. 무슨 일이 또 잘못되어 나를 부르시는 것일까 걱정을 하며 조심스럽게 안방 미닫이를 밀고 들어섰다. 방금 장농에서 꺼낸 듯한 작은 보따리가 방바닥에 놓여 있었다. 뭔가 일이 있는가 싶어 엉거주춤 서 있는 내 머리 위로 시어머니의 벼락이 떨어졌다. '아니 왜 장승처럼 서 있어. 눈깔이 빨갠 거 보니께 또 낮잠 자빠져 잤구먼. 사내는 처자식 멕여살린다고 진둥한둥 돌아다니는데 너는 으째 사시사철 네 활개 벌리고 낮잠 잘 궁리냐? 이거 내가 풋각시적 삯바느질 헐 때 모아둔 쪼가린디 이렇게, 요렇게 접구 꿰매서 보자기 만들어 놔. 늬 사촌시누 좀 봐라. 여편네가 을마나 억척인지 그 여럿 하숙 치믄서두 삯바느질 해서 살림에 보태잖어? 시거든 떫지나 말라구, 이건 재주는커녕 남 오장만 터추니… 으이구, 사촌시누 반에서 반 만이래두 비젓허믄 여북이나 좋아' 하시고는 요래요래 시범을 보이신 뒤 보따리를 내 쪽으로 던지셨는데 그것은 한쪽 끝이 동그랗게 말려 올라간 수많은 베조각들이었다.

아무리 일러 주셨어도 그렇지 저렇게 생긴 것을, 저 많은 것을 언제 다 꿰맬 수 있을 것인지 생각하니 한숨이 절로 나왔다. 거기다 자발적으로 하려던 것이 아니고 시키신 일이 아니던가? 베개만 베면 잠이 퍼붓던 잠자리에서도 품에 안고 도망가기나 꼭 좋을 성싶은 보따리만 생각하면 내동 잘 오던 잠도, 잘 먹던 밥맛도 달아나는 것이었다. 그러나 원래 일을 좋아하고, 또 시어머니 말씀을 거역할 수도 없고 하여 곧 작업에 들어갔다.

쪼가리들은 거의가 다 삼각형이었다. 이런 보잘 것 없는 작은 것들도 버리지 않고 모아 두셨던 시어머니의 물 안 나는 손끝과 오랫동안 모아 온 인내와 작은 보람 같은 것이 베 조각 하나 하나를 만질 때마다 내 손끝에 전해져 왔다.

쪼그리고 앉아 날마다 꿰맸다. 삼각형의 두 빗변, 그 대각선끼리 서로 맞물리게 공그르고, 호고, 박고, 다시 감치어 사각형을 만든 다음 죽 이어 나갔다. 무덤덤하기만 하던 내 생활의 삼각형이 새로운 사각형의 세계로 나아가는 형국이었다. 내 손을 벗어난 바늘은 실을 매달고 베 헝겊을 서너 땀 뜬 뒤에 천 밖의 허공으로 나오기를 되풀이하는가 싶더니 어느덧 내 상상을 길어 올려다가 그것을 다시 베 조각에 내려 삼베마다 사색의 흔적을 또박또박 남기고 있었다.

그 짓이 즐거워 밥, 청소, 빨래를 마치기 무섭게 매달렸다. 옛 생각에 잠기다가, 깜빡 졸다가 바늘 끝에 찔리기 다반사였고, 그 때마다 정신을 번쩍 차리고 다시 작업하던 때가 한 두 번이 아니었다.

그렇게 한 열흘 지나니 커다란 사각형의 보자기가 만들어졌다. 들쭉날쭉한 끝부분은 다른 천을 대어 조각보를 완성하기에 이르렀다. 다 만든 후에 도대체 이것들이 몇 조각이나 되는지 세어 보았다. 108조각이었다. 나는 이것을 꿰매면서 108가지 번뇌에 빠져 있었던 것일까? 아니면 고통을 고통으로 아는 마음이 고통이라는 듯 스스로 고통에 빠짐으로써 도리어 그것으로부터 벗어났던 것일까?

다 만들어서 갖다 드렸더니 아무 말씀이 없으셨다. 아무 말씀이 없으시다는 것은 100% 합격을 의미하는 것이므로 날아갈 듯이 기뻤다. 시어머니께서도 아주 만족한 얼굴로 시루떡을 했을 때, 가래떡을 뽑아왔을 때, 김장거리 씻어 놓았을 때 그리고 시아버님 제사 모시기 위해 마련해 놓은 제수祭需들 위에 정갈하게 씌워 놓으시곤 하셨다.

버려진 기억들이, 잃어버린 시간들이, 눈물과 아픔들이 서로 등을 맞대어 이루어 놓은 나의 베 조각보! 그것은 내 사유思惟의 공간이었고, 자투리를 이용할 줄 알았던 옛 여인들의 지혜가 시어머니를 거쳐 내게로 전해진 삶의 유대紐帶였으며 나를 온전히 참아내게 한 인내忍耐의 단편斷片이었고, 내 존재의 확인이었다.

힘들고 어려울 때마다 나는 베 조각보를 생각하며 그때의 인내심으로 돌아가곤 한다.

(1995년, 청구문학상 수상작)

부활의 문

고등학생인 막내딸에게 아침밥 먹이고 도시락 두 개를 싸 보낸다. 곧 한숨 돌릴 사이도 없이 시어머니와 남편의 아침상 올린다. 다음으로 큰딸과 아들의 아침밥을 챙겨 주고 나면 매일 매일의 아침 과제가 끝난다. 부엌에서 혼자 한 술 드는 둥 마는 둥 서두르는 동안에도 마음은 벌써 신사동 신향약수터, 생수도 길어오는 약수터로 달리고 있다.

'보리 이삭 나오자 설늙은이 얼어 죽는다' 하듯 꽃샘추위는 산 입구부터 목을 움츠리게 한다. 그러나 사념은 끝없이 뻗어가서 갖가지 상상의 그물을 엮어보기도 하지만 빨리 부엌으로 돌아가야 한다는 걸 깨닫고는 엮었던 그물을 풀며 잔걸음을 친다.

설거지를 하면서 담가두었던 찹쌀로 시어머니의 죽을 쑨다. "배고파 죽겠는데 밥도 안 준다"고 시누님댁으로 전화 거시는 시어머니의 음성이 간간히 부엌으로 들린다. 순간 울고 싶을 정도로 마음이 아프지만 형님은 아실 거라고, 나는 끝까지 참아야 한다고 스스로를 달랜다.

밥을 해다 드리면 국수를 삶아오라고 하셨다. 빨리 해오라고 불호령이 떨어질까 두려워 얇게 다진 고기로 국물을 낸 육수에 삶은 국수를 말아 잘게 썬 김치하고 갖다드리면 이번에는 된장을 풀어 넣고 시금치죽이나 아욱죽을 좀 쑤어오라고 하셨다. 조금 있다가는 통조림을 사오라고 하실 것이 분명하고 시간이 좀 지나면 또 과일을 들여오라고 그러실 것이 분명하다.

시어머니가 안 계셔서, 혹은 모시지 않는 며느리들을 부러워한 적이 있었다. 그러나 살날이 얼마 남지 않은 시어머니의 삶의 막바지와 내가 맞부딪쳤을 때의 마음은 좋기는새레 후회의 감정에 휩싸이는 것이었다. 나는 지금이라도 잘해드려야 한다고 생각했다. 가문 강바닥의 진흙 틈새에다 온 몸을 파묻고 지내다가 물이 찾아들면 자유로이, 먹힘 없이 대해로 헤엄쳐 나가는 이어泥魚의 인내를 배워 날마다 달라지는 음식의 가짓수만큼 대소변 받아내는 일에도 나의 인내를 온전히 이루리라 다짐했다.

처음 살림을 시작한 내게 집이란 건 전세도 못 되는 사글세방에다 앞집과 뒷집의 처마 밑에 찬장 하나 달랑 매달아놓은 이름뿐인 부엌이 딸린 그런 집이었다. 그나마 첫아이 낳고 비바람 불고 눈보라 휘몰아치는 그런 전천후 부뚜막에 앉아 남편이 사다준, 남편의 말마따나 기름진 라면을 먹었는데 그것도 국물이라고 젊은 젖어미의 젖가슴이 퉁퉁 불을 때 내 설움은 눈송이처럼 펄펄 언 하늘을 날았다. 남이 볼세라 1,700원어치 쌀 한 봉지를 사서 표 안

나게 바바리코트 속에 숨겨가지고 들어오곤 하던 그 부엌에서의 애환도 시어머니를 모시게 되어 작은 부엌이 딸린 큰방 하나를 얻으면서 내 기억의 뒤안길로 사라져갔다.

아랫목은 시어머니와 어린 것들이 차지하여 불길이 닿지 않는 삼천 냉고래인 윗목에서 자는 남편은 새벽마다 설사하러 다니기 바빴고, 나도 시어머니하고 얼굴 맞대기 어려워 일어설 때마다 등에 업은 둘째아이가 벽에 걸어놓은 밥상에 머리를 짓찧곤 하던 부엌으로 들어가 애꿎은 양은냄비를 꺼내놓고 달달 낚아대었다.

혼자 살아오시며 고생하신 어머니께 살림을 맡겨드리는 것이 효라고 생각했다. 그래서 모든 걸 다 맡아서 하시는 시어머니께 이루 다 말씀드려야 했으므로, "어머니, 쌀 없어요, 어머니, 김치 다 먹었는데요." 하고 말씀 드리기가 어려워 쌀 한 공기, 김치 국물도 아끼곤 했다. 혼자 부뚜막에 앉아 눌은밥에 고추장 한 가지로 먹어 치우고도 늘 미안해하는 남편에게 행복한 웃음을 지어보이곤 했다. 어떤 때는 쌀 없다는 소리를 한 끼니라도 늦추려고 용돈 몇 푼 생기면 몰래 봉지쌀을 사다가 쌀통에 부어넣곤 했는데 아무리 호랑이 같은 시어머니라 하여도 못 먹게 하지는 않으셨지만 나는 그 짓을 더러 하였던 것이다.

부엌 한구석에 물을 가득 채운 자배기를 놓고 그 안에 김치항아리를 넣어 둔 적이 있었다. 그런데 그만 잘못하여 깍두기항아리 속으로 물이 들어가서 얼마나 놀랐는지 모른다. 워낙 맛있게 담근 김치라 물이 조금 들어갔어도 맛은 여전하여 시어머니는 물 들어간 사실을 아시지 못했다. 그 뒤 아이스박스라는 걸 쓰게 되었는데 아이스박스 속의 얼음이 녹으면서 김치항아리가 기울어질까 간을 졸이곤 하던 곳이 당시 부엌과 나의 생활이었다.

"어머니, 저, 연탄불이 꺼져…… 숯을 사야 하니 돈을 좀……." 하고 말씀드려야 하지만 절대로 칭찬받지 못할 그 말은 좀체 나오지 않고 입안에서만 맴을 돌았다. 할 수 없이 목공소에 가서 자투리 나무토막을 얻어다놓고 불이 꺼질 때마다 썼다. 밑의 연탄재 위에 수북하게 나무토막을 올려놓고 그 위에 석유 한 소큼 뿌리고 성냥불을 그어대면 이제까지의 나의 궁궐은 돌연 너구리 잡는 굴로 둔갑하는 것이었으니 그것은 나무 따위에 불을 붙여 그 연기로 굴속의 짐승을 나오게 하여 잡는 바로 섶사냥이었다. 그 매운 연기를 빌미로 시원스럽게 울어보던 것도 지나간 날의 부엌이었다.

그것도 평일이면 괜찮았다. 일요일 아침 늦게 일어난 데다 연탄불은 꺼져 있고 시어머니께서는 식사 후에 외출하신다고 아침밥을 재촉하시며 마루에 앉아계실 때는 정말 죽을 맛이었다. 다시 너구리작전을 진두지휘하여 겨우 붙은 윗불에 밥 끓이랴, 밑불에 뜸들이랴, 윗불에 찌개 끓이랴, 나물 볶으랴 허둥지둥 아침상 올리고 나면 등줄기가 달아오르고 얼굴에는 끈끈한 땀 위에 불티가 앉아 진두지휘한 장군의 몰골치고는 내 딴에도 심하다는 생각이 들었다.

이십사 시간 연탄의 풀가동으로 달기똥 같은 땀방울이 떨어지던 여름날의 후끈후끈한 부엌에 석유곤로는 실로 부닥방망이—도깨비방망이처럼 신기한 물건이었다. 당시 후지카곤로 시엠송(CM song)이 TV에서 많이 들리곤 했는데 어린 아들이 그것을 따라

했다. '무마리 마지가마 후지카공낭(주방의 귀염둥이 후지카곤로)'. 아이는 그것 외에도 대한전선(현 대우)이 디－제로(Defect Zero) TV 선전을 할 때 붕어들이 입을 뻐끔뻐끔 벌렸는데 어디 가서 붕어만 보이면 디 제로라고 하기도 했다.

그러나 그것도 한 오년이 지나니 그릇마다 그을음 맥질을 하여 양은냄비 사열은 또 계속되었고, 그렇게 고생하다가 게딱지만한 집 한 채를 마련하니 그야말로 입식부엌에 싱크대라는 것이 놓이게 되었다. 이제는 무거운 솥 들어 올리지 않아도 되고, 산에 갔다 온 남편의 샤워로 밥 하다말고 쫓겨나오지 않아도 되니 신선노름이 이것이 아닌가 하였다.

너무 좋아서 허리, 다리 아픈 줄도 모르고 내 얼굴도 얼비치는 스텐리스 스틸 상판을 하루 종일 훔치고 또 훔쳤다. 어리던 날 친정어머니께서 가마솥이 걸려있던 흙부뚜막을 논에서 퍼온 고운 찰흙으로 하루에도 수 십 번씩 문지르셨는데 나도 그 손끝이 되어 보고 싶었던 것이다. 그리고 가스레인지와 압력밥솥을 사 왔을 때는 아까운 인생 죽기는 싫어서 가스 위에 압력솥을 올려놓고는 멀찌감치 떨어져서 지켜보기도 했던 웃지 못 할 해프닝도 있었다.

이럭저럭 17년 만에 며느리인 내게로 권력의 상징인 부엌과 안방이 돌아왔지만 시어머니의 시선이 언뜻언뜻 부엌에 와서 꽂히는 것을 놓칠 수는 없었다. 그것도 크게 송구스러웠는데 시어머니께 온 어려운 병은 더욱 그러한 기분에서 헤어나지 못하게 했다. 그러나 사람에게 반드시 오고야 마는 죽음, 그 끝자락을 붙들고 몸부림치시는 시어머니 앞에서 내 가슴은 회한으로 가득 차올라

마지막 정성을 기울여 이미 입맛이라는 것도 있을 리 없는 시어머니를 위해 죽을 쑤고 있는 것이다.

양은냄비가 스텐리스 스틸 삼중 바닥 냄비로, 연탄아궁이가 가스레인지로, 재래식부엌이 입식부엌으로 바뀌기까지 그리고 풋각시였던 내가 중년의 여인이 되어버린 지금까지 내게 부엌의 의미가 무엇이었나 생각해본다. 그것은 옷고름 마를 새 없이 눈물 훔치던 인내의 장소였고, 슬픈 시간을 나와 함께 했던 내 사색의 공간이었고, 오랫동안 무수히 흘린 내 눈물이 썩으면서 미움을 사랑으로, 미움을 용서로 바꾼 화해와 부활의 공간이었다.

남편의 술상을 치우고, 시어머니방에 연탄불을 갈아 넣고, 앞치마를 벗으면서 부엌문을 닫는다. 내일 아침 감사와 기도의 마음으로 다시 열게 될 내 부활의 문을.

(1993년 5월 27일, ㈜에넥스 '주부가 쓰는 부엌이야기' 1등상 수상작)

깨를 볶다

주부인 내가 욕심을 부린다고 한대야 이렇게 양념을 맘껏 준비하는 일 이외에 대체 어디에다가 무엇으로 얼마만큼이나 부릴 수 있으랴. 곧 냉동실에서 마른 깨를 꺼내어 바가지에 쏟았다. 물에 넣으니 생각보다 깨는 훨씬 많아서 한꺼번에 볶기가 어려울 듯 하였다. 그러나 애초의 목적이 부자가 되고 싶은 것이었는데 걱정할 것이 무어냐. 느긋한 기분으로 깨를 볶기 시작했다. 물기가 걷히느라고 연기가 몹시 났다. 마치 아궁이에서 피어오르는 듯 소돔과 고모라성에 쏟아진 불과 유황의 연기같이, 무너져 내린 삼풍백화점의 잔해 속에서 야속하게도 계속 이어져 많은 사람을 끝내 죽음으로까지 몰아갔던 연기 같이 계속 피어올랐다.

나무 주걱에도 젖은 깨가 자꾸 달라붙었다. 달라붙은 깨를 손으로 떼어 넣으며 주걱으로 깨를 젓기 시작했다. 너무도 많은, 수십만 개의 깨알들이 내 눈을 어지럽게 하여 계속 들여다 볼 수가 없었다. 그래도 어지러운 눈을 깜빡여가며 젓노라니 무수한 낟알 저 너머로 아련한 영상이 떠올랐다.

매사에 꼼꼼하기로 소문난 '꽁생원' 김 첨지가 어떻게 어떻게 모은 쌈짓돈으로 신작로 가에 '하꼬방'을 하나 차렸다. 그런데 지금도 물론 그렇겠지만 예전에도 가겟방을 찾는 사람들 중에는 거시기 찢어지게 가난한 사람은 있기 마련이었던지 이 꽁생원도 그야말로 그 꼼꼼한 성격에 맞게, 통장질*하는 사람들과의 거래를 적기 위해 '외상장부'라는 것을 마련했다.

이 장부에 처음 기록되었던 이는 다름 아닌 '이 서방'이었다. 농사를 많이 진다고 하여도 가난한 사람들이 대개 그렇듯 늘어가는 것은 빚이고 또 줄줄이 딸린 것은 많은 식구라, 가물에 콩 나듯 돈 한 푼이 생겨도 주먹에 붙어 있을 새가 없어 어쩔 수 없이 이 꽁생원네 하꼬방에 와서 계란 한 줄을 외상으로 사가게 되었다. 어쩌면 이 서방네는 그 한 줄의 계란을 삶아서 이렇게 비가 내리는 장마통에 헛헛해진 아이들의 배를 채워주었을 지도, 갑자기 찾아온 손님을 위해 이 서방의 마누라 되는 이는 계란찜이라든지 그러한 것을 아주 즐거운 마음으로 준비하였는지도 모른다.

이 서방이 짚에 든 계란 한 줄을 들고 가게 문턱을 넘어가자마자 글을 쓸 줄도 읽을 줄도 모르는 꽁생원도 곧 장부를 펴서 이 거래를 잊을세라 이(蟲) 한 마리를 그리고 계란을 상징하는 '동그라미' 열 개를 그려 넣기에 이르렀다.

얼마의 시간이 흐른 뒤 이 서방이 발떼기로 농작물을 좀 팔았던지 어디 가서 품을 팔았던지 하여간에 조끼 주머니에 몇 푼을 넣

고 와서는 종전의 그 계란 값을 갚게 되었다. 갚는 이 서방은 마음이 뿌듯하여져서

"여게, 김 첨지, 내 오상(외상)값 이젠 지워버리란 말여." 하였을 것이고

받는 쪽에서도 물론 마음이 흐뭇하여

"아무렴, 염려 붙들어 매어. 내 얼른 지울텡께."

하고는 또 연필에 침을 바르고 손가락에 침을 발라 장부를 뒤적여 계란 대신 표하여 놓았던 동그라미에다가 세로로 길게 줄을 죽 그었을 것이다. 그 밤 자기네 식구들에게 참으로 소중하였던 그 계란 값을 갚아 앓는 이 빠진 듯 하여 두 다리를 쭉 뻗고 잤을 이 서방은 참으로 선한 우리들의 이웃이다.

그러나 이 서방이 외상값을 갚는 것으로 일이 끝난 것은 아니었다. 전혀 생각도 못한 착각과 실수가 빚어졌으니 이러한 것들이 우리들 삶을 더 슬프게도 우습게도 하는 것이다.

시간이 흐르게 되니 자연 꽁생원네 장부에도 적히는 것이 많아지고 그러노라니 밤낮없이 침을 발라 펼치곤 하던 외상장부도 따라서 닳아지게 되었다. 그리고 사람의 기억력이라는 것도 믿을 것이 못 되는 것이었다.

어디 빚 받을 데가 없나 눈을 부릅뜨고 살펴보던 김 첨지가 가만히 장부를 들여다보다가 '이'를 그렸던 그림에서 발이 희미하게 없어진 것을 발견하였다. 그러자 그는 그것이 '깨'모양을 한 것을 알아내고는 '깨 서방'의 외상을 적어놓을 것이라고 단정하게 되었다.

'장사 안 되어 죽을 맛인디 빚 받을 데가 생겼으니 웬 홍재(횡재)

람. 내괴, 어젯밤 꿈이 좋더라니' 무릎을 탁 치며 꽁생원은 혼자 회심의 미소를 흘렸다. 마침 전방廛房에 나와 앉아 있다가 쇠스랑을 어깨에 메고 앞집 개똥이네 파밭으로 품앗이 가는 '깨'서방을, 얼굴에 주근깨가 많아 깨 서방이라 불리우던 강 서방을 불러 세우고야 말았다.

"여보게, 깨 서방."

"아니, 왜 바쁜 사람은 맬읎이 불러대는겨?"

"내가 헐일읎이 자네를 부르는 줄 알어? 그나저나 자네도 건망증이 있는감?"

"건망증이라니, 자네 대체 나를 뭘로 보는 게여. 아무리 먹을 게 읎어두 그렇지. 내가 그래 그 하찮은 까그매(까마귀) 게기나 먹구 사는 줄루 생각허는겨?"

"아따, 그 사람. 쓰잘 데 읎는 소리 작작허구 어여 외상값이나 갚게나그려."

"얼라, 이 사람이 점점 왜 이러는겨. 아닌 밤중에 홍두깨도 유분수지. 외상값이라니?"

"아니 그럼 꽂감 한 줄 가져간 것 떼 먹을텡가?"

"꽂감이라니 내가 온제 꽂감 가져갔나, 시방 누구를 빽덕어매로 보는겨?"

"에, 뭣이냐, 메친 날인가 기억은 안 나지만 암만해두 자네 슬(설날)에 쓴다구 슨달 그믐날 가져간 것 같은디."

"참 재수가 읎으면 송사리게다두 거시기 물린다더니 자게가 까그매 게기 먹구 뎁세 내게 떠넹기는 구먼그려."

이에 어이가 없어진 깨 서방이 와락 달려들어 외상장부를 보니 갸름한 깨가 하나 그려있고 그 옆에 기다란 막대기에 쭉 꿰어있는 곶감 한 줄을 외상으로 가져간 것이 적혀 있었다. 사실 깨 서방이란 그려 놓았던 이의 발이 닳아서 없어졌기 때문에 생긴, 바로 이 서방의 둔갑이요 곶감이란 바로 계란을 갚았다고 옆으로 그은 실수 아닌 실수였던 것이다.

내가 어렸을 적에 아버지께서는 이런 이야기들을 아주 재미있게 말씀해주시곤 하셨다. 배 서방의 꼭지가 없어져서 공 서방이 된 이야기 등 그 추억을 떠올리니 나를 무척이나 사랑해주셨던 아버지, 내가 불효만 해드렸던 아버지 생각에 콧등이 찡해왔다.

팬이 뜨겁게 불에 달구어지니 깨의 물기가 걷혀 꾸득꾸득해졌다.

생전에 시어머니께서는 깔끔하신 그 성격답게 깨를 씻어 일어 물기를 쪽 빼서는 깨끗한 보자기에 깨를 싸고는 손바닥으로 박박 으깨듯 닦으시는 것이었다. 그러면 깨알은 거피去皮가 되어 아주 투명한 올챙이알처럼 되는 것이었다. 그것을 정성껏 볶으면 아주 뽀오얀한 게 갓 씻겨 내놓은 아기와도 같이 해끔하고 통통하였다. 약과藥果나 타래과를 만든 뒤 이 통깨를 솔솔 뿌리면 얼마나 정갈하고 맛깔스러웠던가.

연탄불을 땔 때 불이 피어오르기를 기다려 프라이팬을 얹어 놓고 깨를 볶으려던 일이 있었다. 그러자 그걸 보신 시어머니께서 "아이구 이런 쇠코답답아, 으째서 너는 그렇게 허는 일마다 버커리냐. 사람이 좀 꾀꾀루 살으야지 한날 그 타령이냐 그런 돌대가리루 으떻게 사니? 밑불에다가 잠깐 둘러내면 되지 그 불이 피두룩 언제까지 그러구 있을 꺼냐, 식구들 밥은 굶길 거여?" 그러셔서 정말 그 말대로 했다가 그만 연탄불을 홀딱 꺼쳐 버려 안 그래도 눈에 매달렸던 눈물을 기어이 떨어뜨림과 동시에 발을 동동 굴던 지난 일이 언뜻 생각났다.

연탄불도 아닌 가스 불에 지금 나는 깨를 볶고 있다. 이젠 일하는 게 귀찮지만 욕심은 채워야하겠기에 거피도 하지 않은 깨를 볶고 있다. 깨를 두어 번 더 뒤적거렸다. 손가락으로 비비니 와사삭 으깨어졌다.

기쁨, 슬픔, 눈물, 삶과 죽음 등 인생사가 깨 속에 한데 어우러져 볶아지고 있었다. 옛날 얘기를 즐겨 우리들에게 해 주시던 아버지, 김 첨지, 이 서방, 깨 서방 그리고 시어머니에 대한 온갖 회상도 모두 하나가 되어 주걱 밑에 휘둘리면서 볶아지고 있는 것이다.

이걸 빻아서 고운 소금을 넣어 깨소금으로, 통깨로 병에 담으면 나는 부자가 될 것이고 더불어 우리 집도 고소한 깨 냄새로 가득 찰 것이다.

깨를 볶을 때마다 나는 부자가 되고 그리운 사람들을 만난다.

* 통장질: 장부에 올리고 외상으로 물건을 사는 짓.

그릇

오래 전 시어머니께서 살림을 하시던 때의 얘기다. 그때 우리 집 살림살이란 투박하고 볼품없는 그릇들 투성이었다. 시어머니께서 풋각시 적부터 써오셨다는 양은 다라이, 왜정 때부터 지금까지 보존하고 있는 놋그릇 두어 벌, 두툼한 큰 사기그릇 세 벌, 바가지 몇 개, 그리고 비싸 보이지 않는 플라스틱 김치통 몇 개와 길이 반질반질하게 난 번철 뭐 그런 것들이었다. 경제권이야 시어머니께 있다손 치더라도 정작 살림을 꾸려나간 건 나였으므로 그릇의 필요성을 느낀 사람도, 그릇이 사고 싶어 몸살을 앓아야 하는 이도 물론 나였다.

그러나 주머에 뭐 쥔 게 있어야 나가서 그릇이란 걸 사든지 말든지 할 것이 아니냐. 겨우 반찬값에서 몇 푼 남겨 그것이나마 들고 나가서 하다못해 간장종지 하나라도 사 날랐다. 시어머니께서 소꿉장난하느냐고 언짢아 하셨지만 눈에 띄게 큰 것 장만하면 물론 그런 능력도 없었지만 만약에 그런 일이 있으면 시어머니께서 크게 역정을 내시기 때문에 그런 것은 엄두도 내지 못하고 그저 그런 쥐방울만한 플라스틱 그릇이 고작이었다. 그나마 표시가 나지 않게 하려고 어떤 때는 일부러 흠집 있는 것으로 살 때도 있어 안 그래도 딱부리눈인 그릇가게 아저씨의 눈이 왕방울이 되던 적이 한 두 번이 아니었다. 그 아저씨의 눈에 이상이 생긴다면 그건 바로 내 탓이리라. 그렇게 나는 그릇이 사고 싶었다. 그러나 작은 그릇은 결국 작은 그릇, 크게는 쓸 수 없는 것이었다.

이렇듯 나는 자나깨나 그릇 살 궁리였는데 시어머니께서는 그릇 사는 것을 좋아하지 않으시는 눈치셨다. 무엇이든지 먹는 것에다가 가치를 두는 가난했던 세대와 겉으로 내보이고 싶어 하는 조금은 풍요로워진 세대와의 가치관의 차이에서 오는 괴리였으리라.

하여간 나는 부엌을 아름답게 꾸며놓은 것과 그릇 많은 것이 그렇게 부러울 수가 없었다. 부러워하던 현실이 다가온 때－그릇을 맘대로 살 수 있는 때가 된 것은 그럭저럭 이십 년이 흐른 뒤 내가 살림을 맡아 할 수 있게 된 때였다.

시어머니께서 인삼을 사다 달이실 때 쓰는 큰 약탕관이 있었다. 시어머니 전용 그릇이었는데 하나 장만하리라 벼르던 터에 마침 불광동 시장에 볼 일이 있어 갔다가 하나 사게 되었다. 그릇이 얼마나 무거웠던지 집에까지 끌어오느라 팔이 다 늘어날 지경이었다. 그러나 오직 살림장만, 큰 그릇이란 뿌듯함으로 무거운 줄도 몰랐다.

그러나 문제는 정작 그 후부터였다. 크다고 좋아했더니 거기에 뭐라도 담아서 끓일라치면 그 엄청난 무게 때문에 도저히 어떻게 추스릴 재간이 없었다. 그제서야 나는 큰 것이나 새것이 좋은 것이 아니라는 것, 욕심 부리면 안 된다는 것, 욕심이 바로 죄가 되는 마음이라는 것을 깨닫게 되었다.

이렇게 크면 무겁고, 작으면 적게 들어간다는 것은 참으로 부조리한 일이었다. 그러나 큰 그릇은 작게 쓸 수도 있었으니 이것이 바로 대기大器가 아니랴. 사람으로서도 모름지기 큰 그릇이 되어야 할 것이다.

시어머니께서 쓰시던 그릇들이 또 있었다. 별로 좋은 것은 아니었지만 곁눈으로 보면 또 좋아 보이는 것이었다. 아니 갖고 싶었다는 말이 옳았을 것이다. 그런데 시어머니께서 돌아가시니 시어머니의 성질과 외양을 닮아 단단하고 야무져 보이는 절구공이, 조그만 스텐리스 스틸 다라이, 타파웨어 김치통, 바가지와 용수가 하루아침에 아무 대가 없이 내 것이 되는 것이었다.

오늘 시아버님 제사를 모시면서 이 그릇들을 쓰게 되니 시어머니의 손때가 결은 이 그릇들에 닿는 내 감촉이 슬프다. 그러면서 이것들이 세상의 어떤 그릇들보다도 소중하게 생각되는 것이었다. 먼 훗날 나의 며느리도 내가 쓰던 그릇들을 내가 시어머니께서 쓰시던 그릇 소중히 하듯 쓸 것인가? 유행이 지난 것이라고 죄다 내버리는 것은 아닐까

이제 나는 그릇을 사지 않는다. 그 동안 그릇이 이래저래 많아진데다 근래 내 가치관이 물질적인 것에서 정신적인 것으로 바뀐

때문이다. 옛날 사기그릇만 쓰던 시골에서 양재기가 나오자 사기그릇을 다 깨버려 온 동네가 사금파리 투성이가 되었었다. 그러다가 스텐리스 스틸로 유행이 바뀌자 이번에는 엿장수의 손수레에 가득해지던 것이 또 양은그릇이었던 것처럼 사고 싶어 안달을 할 때는 언제고 이제 와선 정신 운운하니 아, 그릇이여, 불쌍할 손 네로구나.

메뚜기도 여름 한철이라고 그릇 사들이는 것도 젊어 한때인 모양이다. 이제는 내 그릇, 내 기량器量이나 연마할 것이다.

(1993년 문화일보, 〈문예사계 동계수필〉 당선작)

가래떡

20년이나 피우던 담배를 어느 날 끊더니 남편이 날마다 누룽지를 대령하라는 명령이다. 원래 누룽지는 좋아했었다. 내가 기술이 좋아서 참 지금까지 잘 만들어왔다만 밥을 안 하고서야 이걸 만들 재간이 있느냐. 찬밥이 많으면 밥을 안 하게 되는 데 말이다. 물론 찬밥을 눌려도 되지만 그래도 가마솥에 밥을 한 다음 긁는 누룽지가 정통 누룽지일터 생각다 못해 가래떡을 뽑아다 놓고 누룽지를 대신하기로 했다.

누룽지 얘기가 나오니까 절에 가실 때마다 공양주보살한테서 누룽지를 얻어오곤 하시던 시어머니 생각이 난다. 그렇다고 하여 시어머니께서 염불에는 마음이 없고 누룽지에만 마음이 있었던 게 아니냐고 속단한다면 그건 큰 오산이다. 시어머니께서는 하나 뿐인 당신의 외아들에게 지극정성을 들이신 분이다.

어린 시절이었다. 섣달 그믐날이 되면 엄마와 언니는 불린 쌀을 들고 방앗간에 가서 가래떡을 뽑아왔다. 김이 무럭무럭 나는 그 가래떡이 얼마나 맛이 있는지 거칠거칠한 보리밥만 먹던 우리들의 혀는 매끈매끈한 쌀의 보드라운 맛에 자신의 분수를 잊고 침을 과잉생산했다. 그 긴 것을 하나 통째로 먹을 때, 더 길지 않은 것을 아쉬워하면서도 우리들 십 남매는 얼마나 행복했었던가.

그러나 그렇게 많지 않을 때는 집에서 뽑았다. 기러기가 짝을 찾아 날아간 하늘가로 어둠이 내리면 마당에 전등불을 내다 걸고 떡메질 준비로 부산했다. 먼저 시루에 밥을 고슬고슬하게 찐 다음 그것을 떡판에 올려놓고 이 서방이 떡메로 쿵쿵 찧었다. 떡메에 밥이 묻으면 찧어지지 않으므로 할머니는 이 서방의 떡메에 연방 물을 묻혀주곤 하였다. 한창 나이의 이 서방이 떡판을 내려찧는 힘찬 소리가 허름한 사립문을 슬며시 넘어갔다. 백결선생이 그때 살아계셨더라면 우리 집 떡치는 소리를 듣고 자신도 곧 방아타령을 작곡해서 쌀이 없어 떡을 못하는 그 부인의 아픈 마음을 위로해 주었을 것이다.

그런 다음 둥글둥글하고 길게 만들었다. 엄마는 할머니와 같이 손에 물을 묻혀가며 김이 솔솔 나는 가래떡을 만들어 내었는데 추운 날씨에 떡은 금방 솔았다. 우리 동기간들은 군불이 식어가는 차가운 방안에 앉아서 떡이 솔기를 기다리느라, 오는 잠을 쫓느라 여간 고생이 아니었다. 방앗간에서 해온 것보다 매끈하지는 않았어도 식은 밥, 더운 밥 가릴 게제가 아니었던 그때 문지방까지 찾아온 잠을 눈꺼풀에 달고서도 꿀꺽꿀꺽 잘도 삼켰었다.

고향을 등지고 타향으로 나오고 그리고 결혼을 하고서 설을 쇠기 위해 가래떡을 뽑아오게 되었다. 친정에서야 내 마음대로 가래떡을 먹어도 되지만 시어머니 앞에서는 맘대로 할 수 없는 일이었다. 물론 처음에 떡을 빼오면 먹어보라고 한 두어 가락을 주셨지만 웬일인지 그렇게 주시는 것만으로는 양이 차지 않았다. 받아도 받아도 부족한 게 배급配給인 모양이다. 그래서 양상군자梁上君子도 생겨나는 것이다.

가래떡이 조금 솔면 시어머니께서는 옛날 불 때던 아궁이 옆에 장작개비를 쌓아두듯이 차곡차곡 가리를 쌓으셨는데 나는 그것이 꼭 개수를 세어두시는 것만 같아서 한편으로는 야속한 생각이 들고 또 한편으로는 겁도 나면서도 속으로는 감쪽같이 먹을 궁리에 여념이 없었다. 시어머니께, "어머니, 저 가래떡 먹을 게요." 하면 못 먹게 하시지 않으련만 그럴 생각은 엄두도 내지 못하고 몰래 먹을 생각만 했으니 그것이 미련한 사람의 틔지 못한 사고방식이요, 그래서 시집살이라는 그늘도 쉽게 못 벗어나기도 한 것 같다.

드디어 행동으로 들어갔다. 한 가래를 갖다 먹으면 금방 표가 난다. 그래서 나는 아예 통 크게도 제일 위에 얹어있던 장작 가리에서 다섯 개비를 집어 들었다. 사랑이 많으신 시어머니께서 설마 세었으랴 하는 마음으로.

오, 하나님, 그 순간 시어머니께서 방 밖으로 나오시는 기척이 났다. 감추어야 한다는 생각이 들어 순간 나는 부엌방으로 급히 들어가 손 가까이에 있는 빨간 반닫이의 문을 재빠르게 열고 거기에 그것들을 던져 넣었다. 조마리*, 시어머니께서 부엌을 한 번 둘러보시고 가래떡의 무사無事를 먼발치로 확인하신 듯 만족한 표정을 지으시고 곧 방으로 들어가셨다.

방망이질 치는 가슴을 안정하고 난 후 장롱문을 열고 드디어 그 장물藏物을 꺼냈다. 얼결에 집어넣은 곳은 벌罰이었던지 털옷 위여서 가래떡마다 가는 솜털이 수도 없이 달라붙어 있었다. 요즘 옷에 묻은 먼지 떼어내기 위해 문질러대는 끈끈이형 깔끔이가 있더라만 꼭 그것에 먼지나 실오라기가 묻은 꼴이었다. 그걸 보면 한 사람의 도둑을 열 사람이 못 지킨다는 것이, 기는 사람 위에 뛰는 사람 있다는 것이 참말임을 알게 된다. 근인近因은 내 입이 큰 탓이요, 원인遠因으로는 내가 원래 영악한 사람이 아니었는데 농약을 자꾸 치다보면 내성耐性이 생겨 벌레가 쉽사리 죽지도 않고 그래서 더욱 강한 농약을 쳐야 하듯이 시집살이 하다 보니 눈치와 잔꾀가 늘었던 것이다. 시어머니께서는 말끝마다, "네가 아무리 똑똑해도 나는 네 머리 위에 있다"고 그러셨는데 어느 결에 내가 이렇게 되어 버렸는지 참 알 수가 없다.

이제 내게 통제정치를 하시었던 시어머니께서는 가래떡을 뽑아다 먹을 이즈음 땅 속에 말없이 누워계시다. 내가 이렇게 이실직고以實直告했기에 이쁘게 보아주시고 형을 감해 주시려고 그러시는지 또 침묵이시다.

내일 모레면 나는 쌀을 담갔다가 돌을 일어내고, 소쿠리에 쌀을 건져 방앗간에 가지고 가서 가래떡을 뽑아올 것이다. 예전처럼 여전히 김도 날 것이고 나도 전수傳受받은 장작쌓기를 계속하겠지만 슬픈 마음으로 할 게 틀림없다. 요즘 누가 그렇게 가래떡을 먹느

냔 말이다. 조청에 찍어먹는다고 해도 예전 같은 스릴도, 눈물도, 웃음도 없을 것이다. 시어머니께서 다시 살아오셔서 또 장작 쌓듯이 가래떡을 쌓아올린다 해도 이제는 몰래 가무리지 않을 것이고, 한 두 가래로 입맛만 다시라고 하셔도 그걸로 만족할 텐데.

남편이 먹는다고 하면 아주 흡족하고도 기쁜 마음으로 대여섯 가락은 좋이 갖다 주실 시어머니는 왜 다시 살아오시지 않는 걸까. 그 성미에 툭툭 털고 일어서서 나는 듯 오실 듯도 하건만.

가래떡만 여기에서 옛 주인의 손길을 안타깝게 기다리고 있다.

* 1. 거지 왕초, 2. 시어머니

송편

첫아이 가져 배가 부르던 때였다. 추석이라고 시누님댁에서 오라고 하였다. 아침에 주섬주섬 나서는데 남편이 몸 잘 살피며 일하라고 윙크를 하는 것이었다. 남편의 따듯한 배려에 가슴 뻐근해하며 길을 나섰다.

형님은 송편을 빚고 계셨는데 내가 들어서자 반색을 하시며 한번 빚어보라고 하셨다. 그러나 해 놓은 것 먹을 줄만 알았지 생전 해보지 않았으니 무슨 수로 송편을 빚으랴, 한참을 주물럭주물럭, 진땀을 빼다가 쩍 벌어진 만두같이 생긴 것 하나 만들었더니 웃으시며 떡 다 버리겠다고, 떡일랑 그만 두고 둥글둥글한 새알이나 만들어 놓으라고 하셨다. 배는 동산만하게 불러가지고 쪼그리고 앉아 새알이나 만드는 내 신세여. 송편 잘 빚어야 예쁜 딸 낳는다는데.

그러나 그 말도 틀린 모양이었다. 송편은 예쁘게 못 빚었어도 첫딸은 떡보다 예뻤다. 그 뒤로 시어머님이 서울로 오셔서 추석차례를 지내게 된 때였다. 이때도 역시 못 빚는 송편 때문에 고역이었다. 새알은 고사하고 부엌에서의 허드렛일이 내 차지였다. 하루 종일 서서 설거지통에 손을 담그고 물일 하느라 손이 마를 새가 없었다.

송편을 좀 잘 빚으면 온 낮을 마루 위에서 떡이나 빚으면 될 터인데 그 짓을 못해 이 지경이니 못한다는 것은 이처럼 명예로운 일이 아니다. 또한 아무리 호랑이 같으신 시어머니셨지만 혼자 저물도록 떡 빚으시는 것은 보기에 여간 민망한 것이 아니었다. 곁에서 어리대면서도 좌불안석을 할 수 없는, 영락없는 바늘방석이었다. 어떻게 하든 배워야 하는데 어디 가서 배워야 한단 말인가. 시어머니 하시는 것을 곁눈으로 보고 한 눈으로 보고 한번 만들어 보건만 이건 숫제 떡이 아니다. 그렇다고 만두도 아니었다. 나보고 먹으라고 해도 먹고 싶지 않은 그런 모양새였다. 그 다음부터 추석은 돌아오는 것조차 우울해지는 것이었다.

그러던 어느 해였다. 아래채에 사시는 현숙이 어머니와 마주 앉아 송편을 빚다가 송편 하나도 제대로 빚지 못해 시어머니로부터 곤욕을 치르는 나를 보더니 남의 머릿속에 있는 글도 배우는데 이까짓 송편을 왜 못 빚느냐고 한 번 빚어보라고 했다. 시어머니 앞이라 안 배우겠다는 말도 못하고 허드렛일 하던 손을 행주치마에 닦으면서 떨리는 가슴을 안고 마루로 올라섰다.

그분은 아주 잘 빚었다. 마치 뒷산 너머 동산 위로 두둥실 떠오른 달님 같기도, 갓 시집 온 새색시 버선코 같기도 했다. 그래도 무엇이든 배우기 좋아하는 성미인지라 따라하였다. 막상 따라는 하였으나 만약 제대로 못하면 시어머니로부터 또 무슨 벼락이 내릴까 조바심이 나서 제대로 되지 않고 등에서 땀만 났다.

그렇게 잔뜩 긴장을 하고서 무엇을 하랴, 호랑이에게 물려가도 정신을 차려야 한다. 정말로 호랑이 앞이 아니더냐. 심호흡을 하고 천천히 따라 하기 시작했다. 먼저 동그란 새알을 만들고, 그 새알 가운데에 엄지손가락을 넣어 고깔같이 만든 다음(그것을 일러 '한 손으로는 구멍을 파고, 다른 두 손가락으로는 두드린다'고 했다) 그 속에 송편 속을 넣고 아귀를 잘 여미어 송편 살과 고명이 일체가 되도록 손으로 꾹꾹 눌러주는 것이었다. 경험이나 생각 등이 육화肉化되어 글로 나타나듯이, 글과 작가가 한 몸이듯이 도공이 심혈을 기울여 그릇을 빚듯이 그렇게. 그런 다음 다시 동글동글 굴리다가 양쪽 끝에 코를 세우고 가장자리를 예쁘게 여미는 것이었다. 한 개를 만들었더니 내가 보기에도 제법 그럴 듯했다. 용기가 났다. 어느 틈에 보셨는지 시어머니께서, '굼벵이도 구는 재주가 있다더니' 하시며 즉시 내게 송편을 다 맡기시는 것이었다. 그리고는 내가 빚는 대로 연방 쪄내시는 것이었다.

세상에, 이렇게 좋을 수가

그날로 나는 당당히 마루 위에 앉아 떡을 빚는 기술자, 기능공이 되었다. 기능공이 우대받는 사회가 되어야 한다. 그 뒤로는 밀가루로 수제비를 하다가도 반죽을 조금 남겨 그것으로 송편 빚는 연습을 했다. 추석 때마다 송편기술자 대접을 받은 것도, 허드렛일로부터 해방되었음은 말할 것도 없다. 시어머니 생신 때도 꼭 송편을 해드렸다. 그뿐인가, 봄에 약수터 갈 때마다 뜯어두었던 쑥을 데쳐서 냉동실에 넣어 두었다가 어버이날이면 또 새파랗게 쑥 송편을 해드렸다.

편찮으셨던 지난 오월에도 나는 쑥을 뜯어다가 시간이 없어 송편은 못 해드리고 대신 콩을 조금 넣고 쑥범벅을 해드렸다. 병세가 악화되어가는 시어머니께 내가 해드릴 수 있는 마지막 떡일 것이라는 생각으로 눈물 속에서 쪄내었다. 그 흐릿한 시야 속으로 보이던 푸르둥둥하던 쑥범벅.

다시 추석이 왔다. 혼자 앉아 송편을 빚으려니 옛 생각이 꼬리를 물었다. 추석 전날 먼저 빚은 송편을 솔잎 켜켜로 넣고 얼른 쪄서 참기름을 바른 후 갖다 드리면 그렇게도 잘 드시던 시어머니와 함께 했던 지난날들이.

이제는 맛있게 드실 시어머니가 안 계시니 빚는 재미도 덜하여 상에 올릴 것만 조금 빚기로 했다. 넓은 부엌에 앉아 혼자 송편을 빚을 때였다. 막내딸이 쪼르르 다가오더니, "엄마, 힘들지?" 하고는 동글동글하게 새알을 만드는 것이었다.

"혜영이가 새알을 많이 낳아놓았네" 그랬더니,

"엄마, 이렇게 알 많이 낳는 새가 어디 있어" 하고 웃는다. 그러더니 친구와 약속이 있다며 떡반죽을 모두 새알로 만들어놓고는 나가버렸다. 큰딸도 밤 껍질을 벗긴다고 방으로 들어가 버린 지 오래였다. 갑자기 정적이 찾아왔다. 들리던 길가의 차 소리도 뜸해졌다.

나는 새알마다에 생명을 불어넣기 시작했다. 그러자 모두 생명을 가진 새들로 변하여 내 머리 위로 날아오르는 것이었다.

나의 새들이여, 날아오르라

이제부터 나의 송편빚기는 생명을 불어넣는 작업이 되리라. 죽어있던 일상의 경험과 사색들이 생명을 얻어 생명이 있는 하나의 글로 태어나듯이 그렇게.

아카시 꽃잎 질 때

시어머니의 소상小祥을 모시고 나서 뜨락으로 내려서던 형님이,

"어머나, 이게 무슨 냄새야?" 하고 코를 벌름거렸다. 나는 그제야 오늘 아침 산에 가서 약수를 길어온 남편이

"산에 아카시아가 하얗게 피었어. 싸브레한 냄새가 여간 좋질 않던 걸" 하던 말을 기억해 내고는

"아, 그거요? 요 앞산에 아카시아가 만발했대요. 향기가 썩 좋지요?" 하고 말을 받았다.

피곤한 생각을 해선 그냥 집에 누워 있고도 싶었으나 그 하얀 세상을 보고 싶어 운동화를 발에 꿰는 둥 마는 둥 서둘러 집을 나섰다. 먼발치에서도 구름송이 같은 모습이 눈에 들어왔다. 초록색 위에 점점이 흰색을 덧칠해놓은 듯한 것이 싱그럽고도 화사한 모습이었다. 아니었다. 차라리 푸른 산을 하얗게 만들고야 말려는 게릴라들의 소행이라고 해야 옳았다.

다급해지는 마음을 따라 발걸음도 빨리했다. 드디어 산에 올라가는 입구에 도착했다. 새파란 잎의 키 큰 아카시아나무에 흰색의 꽃이 가슴께부터 훈장처럼 다닥다닥 매달려 있었다. 나는 마치 예술의 전당에라도 들어가는 듯 경건한 마음으로 작품 사이를 비집고 들어섰다. 노부부가 조그만 벤치 위에 눈을 지그시 감고 앉아 있었다. 버선모양의 앙증스런 꽃이 잎새 사이사이마다 닥지닥지 붙어 있는 게 꼭 눈을 흠뻑 뒤집어 쓴 모습이었다.

꽃의 터널 속을 걸어 올라갔다. 꼭대기의 꽃잎 위로 햇살이 눈부시게 비치고 있었다. 너무나도 눈이 부신 그 모습에서 나는 어떤 화사했던 여인을 떠올리지 않을 수 없었다. 아카시아같이 여리고 아카시아같이 하늘하늘하던 여인, 끝내 아카시아 피는 계절을 택하여 아카시아꽃잎 같이 내 곁을 떠나간 여인을.

'테레사(세례명)는 갸름한 얼굴에 머리를 길게 늘어뜨리고 다녔는데 넉넉한 가정에서 부러울 것 없이 자란 그런 여인이었다. 키가 커서 좀 구부정해보였으나 한국적인 눈에 알맞게 오똑한 코, 작은 입에 거무잡잡한 피부색을 가진 매력적인 여인이었다. 그의 어느 구석에 불행의 그늘이 드리워져 있었는지 나는 보지 못하였다. 그러나 내가 보지 못한 것이었을 뿐 그것은 아주 일찍부터 불행을 낙인찍고서 거두어 갈 시기를 호시탐탐 노리고 있었던 것이다.

같은 직장의 같은 부서에 있어 나하고는 가장 가깝게 지냈으며 사법고시를 준비하던 그 약혼자와 함께 만나기도 했다. 그러던 어느 가을날 그녀는 그 사람과 결혼을 하고 내 곁을 떠나갔다. 나는 한동안 그녀가 없어짐으로 해서 텅 비어가는 내 마음을 가누지를 못하고 휘청거렸다. 그러다가 좋은 사람이 생겨 내 마음의 허전함이 메워지자 나는 마치 언니 뒤를 쫓아가기나 하는 것처럼 결혼을 하겠다고 직장에 사표를 제출해 버렸다. 그 사실을 알게 된 그 언니는 너무도 갑작스런 나의 태도 결정에 놀라 한 번 만나자고 했다. 그러나 언니가 부랴부랴, 바쁜 집안일을 뒤로 미루고 나를 만나러 오던 그 날 그 시각, 나는 직장 문을 나서고 있었다. 그 뒤 언니는 언니대로, 나는 나대로의 길로 떠나가게 되었다.

그 뒤로 7년의 세월이 흘렀다. 나는 마음 한구석에 저장해두었던 언니생각을 끄집어냈다. 잊지 않으려 외우고 있던 언니의 친정집 전화번호로 다행히 언니의 사는 곳을 알게 되었다.

곧 큰 아이를 데리고 가서 다시 만났다. 그때의 기쁨을 무엇으로 표현하랴. 나는 언니와 야속하게도 엇갈렸던 것에 대해 진심에서 우러나오는 사과를 했다. 안 그래도 그 언니의 첫 마디는, "미스 리, 맞아야겠어. 그렇게 몇 년씩을 소식 없이 지내는 법이 어디 있어? 신문에라도 내려고 그랬어." 하며 정말 나를 때릴 기세였다. 나도 언니한테 맞고 싶었다.

그 후로는 시간이 허락되는 대로 찾아가서 서로의 생활을 얘기도 하며 즐거운 시간을 보냈다. 언니는 내가 힘겹게 산다는 얘기를 듣고는 마치 내 친동기나 되는 듯이 틈나는 대로 우리 집에 꼭 와서 우리 시어머니를 한번 뵙겠다고 말했다. '우리 미스 리가 잘못하는 일이 있더라도 예쁘게 좀 보아주십사 부탁드린다'는 것이었다. 내가 시어머니께 잘못하여 시어머니로부터 사랑을 받지 못하는 줄은 꿈에도 생각 못하고 오직 나만을 생각하여 시어머니께 그런 말씀을 드린다던 언니, 이 세상에 나의 부모와 친동기간들 다음으로 그런 생각을 할 이가 언니 말고 또 있을까?

그해 늦은 겨울이었다. 나는 언니한테 전화를 해서 이제는 우리 집에 올 때가 되었노라고 말했다. 그랬더니 "미스 리, 나는 갈 수가 없어. 와 보면 알아, 아이들 크리스마스 선물도 사주러 가지 못해" 하며 힘없이 말하는 것이었다. 어디가 얼마나 아프면 그럴까? 나는 대체로 행복한 사람들이 말하는 그 불행의 정도를 가늠해 내지 못하였다. 남의 병보다 내 고뿔이, 손톱 밑의 가시가 더 아프다고 '별 것 아니겠지.' 그렇게만 생각했던 것이다.

어떻게 틈을 내서 가 본다는 게 그 다음해 5월이 다 되어서였다. 시어머니께서 외출하시자마자 나는 아이 둘은 걸리고 하나는 등에 업고 예일여고 앞에 있는 언니네 집을 찾아 복개공사도 되지 않은 불광천변을 끼고 급한 걸음을 옮기었다. 그러나 급한 것은 내 마음뿐이었다. 아이들 때문에 급히 걸을 수가 없었다. 흐르는 땀방울만이 다급하고 궁금해 하는 내 마음을 아는 듯 연방 흘러내렸다.

언니네 집에 들어섰을 때 나는 집안에 일렁이는 차가운 바람을 보았다. 한 여름인데도 등골이 서늘한 공기가 나를 맞이하였던 것이다.

언니는 알아볼 수도 없게 변해 있었다. 육종肉腫이 턱 밑에도 머리 위에도 얼굴 한가운데도 나 있었다. 겨울에는 그런대로 머플러를 쓰고 다녔지만 여름이 되니 그 짓도 어렵다고 그냥 포기한 채 누워 있었다. 그것은 어렸을 때 광천 장날 턱밑에 자루만한 혹을 달고 거북살스럽게 걸음을 옮기던 어떤 장돌뱅이 아저씨의 모습 그리고 동화책 속의 혹부리영감의 바로 그 혹이었다. 있는 사람의 불행을 가늠할 수 없다고 했던 나의 오만과 무관심에 대해서 나는 통곡해야만 했다. 그처럼 착한 사람에게 어떻게 이런 불행이 찾아올 수가 있을까?

나는 언니의 손을 붙들고 "언니, 아무 염려하지 말고 오직 기도만 해요. 히스기아왕은 기도로써 십오 년의 수명을 연장 받았잖아요. 언니도 그렇게 건강을 회복해서 우리 집에도 오고 같이 놀러도 다녀요." 하고 애원을 했다. 그러나 그런 나의 간절한 부탁에도 언니는 기운 없이 콜라만 한 모금 들이키며 고개를 가로 흔들었다. 언니의 시어른께서 언니의 뒤치다꺼리를 하고 있었다. 뒤치다꺼리라야 습기가 배이지 않게 비닐을 깐 손바닥만 한 요대기의 욧잇이나 자주 빨아서 끼우는 것과 속옷이나 갈아입히는 것뿐이었다. 밥을 먹으니 밥 시중을 들 것인가 돌아를 다니니 거동을 도와줄 것인가?

이미 와 있는 죽음 앞에 그 시어머닌들 더 무엇을 할 수 있으랴. 오직 애절한 친정 어머니의 울부짖음, "아, 글쎄 그 미련한 것이 다리에 조그만 혹이 났을 때 바로 병원에 갔으면 될 것을 온 몸으로 크게 퍼진 뒤에 갔으니 무슨 소용이 있겠어요? 그것도 무같이 뿌리가 없는 육종이면 괜찮은데 이 무슨 원수로 감자같이 떼 내면 또 생기고 떼 내면 또 생기고 합니까? 속상해서 죽겠고 불쌍해서 못 견디겠어요." 하시던 그 애절한 울부짖음만이 내 귓전을 때릴

뿐이었다.

치료하려고 방사선을 쪼이고 항암제를 먹으면 먹은 것을 다 도르어내야 하기 때문에 머리카락마저 빠진 언니는 그야말로 대꼬챙이처럼 말라 이미 사람의 몰골이 아니었다. 반드시 나아서 우리집에 놀러 와야 된다는 그 약속만을 메아리처럼 수십 번 되풀이하고서 안 떨어지는 발걸음을 되돌아 뜨거운 한낮의 더위 속으로 시린 가슴을 안고 걸어 나왔다.

집에 와 보니 어느 사이 시어머니께서 들어오셨던지 집안을 비우고 어디를 돌아다녔다는 죄목으로 심한 꾸지람을 들었다. 그러나 다른 때 같으면 속이 상했을 테지만 언니의 마지막을 내 눈으로 보았으므로 잠잠히 듣고 있었다.

보름 후에 전화했더니 그 언니는 언니가 그렇게 소원하던 친정어머니 곁의 잠실의 모아파트로 이사 간 뒤 꼭 보름 만에 꽃잎의 아름다움을 다 보이지 않은 나이 36세의 꽃나이에 저 세상으로 갔다고 했다. 그 세례명처럼 하늘나라에 피어있는 수많은 아름다운 꽃에 물을 주는 여인이 되려고 그녀는 그렇게 서둘러 어린 것들 둘 하고 사랑하는 남편과 통곡하는 친정 노부모와 동기간을 남기고 떠나갔던 것이다.

이태 후 내가 서른여섯이 되었을 때 나도 그녀처럼 죽을지도 모른다는 생각을 했었다. 그것이 급기야 큰병(토하는 병)이 되어 나도 세브란스병원 응급실까지 실려 간 일이 있었는데 지금 살아서 언니를 회상하고 있으니 더 살라는 운명인 모양이다.

아직 피지 않은 아카시아꽃 모양은 꼭 버선 같다. 그런 꽃모양의 옷과 초록색을 유난히 즐겨 입었던 언니의 모습이 자꾸 눈앞에 어른거렸다.

민둥산을 단시일 내에 녹화綠化하려던 졸속행정의 결과로 심어졌으며 소나무의 성장을 방해한다는 아카시아, 마지막 간 사람의 유택으로 뿌리 내리지 말라고 하얀 석회石灰를 뿌려 그 성장을 저지당하기도 하는 아카시아

그러나 어찌 이 꽃이 곱지 않으랴. 때에 따라 잎을 내고 꽃을 피우고 드디어는 쌉싸레한 꿀도 주며 저절로 찾아와주는 나비와 벌들과 더불어 즐기며 사는 모습이 아름답기조차 하거늘.

이제 이 아카시아 녹음 속을 다 지나가면 나는 회상에서 깨어나 찬란한 햇살 아래를 새로운 생활설계를 하면서 내려가야만 한다. 모든 슬픔을 이제금 이우러질 아카시아 잎 속에다 묻어야만 되는 것이다. 그러나 돌아다보면 구름같이 피어있는 저 꽃들은 바람에 흔들려 나에게 손짓하는 듯한 저 꽃들은 또 내 가슴을 어지럽게 할 것이다.

내일도, 모레도 그리고 또 내년에도.

시어머니 오장五臟과 내 간肝

나는 참 둔한 사람이었다. 시어머니의 성미를 좀 맞추어드렸으면 좋으련만 곰처럼 고지식해서 '언젠가 시어머니는 나의 진정을 알아주실 것'이라며 느긋했는데 그것은 언제나 시어머니의 화를 돋우는 원인이 되었다.

시어머니께서는 그때마다 오장五臟*이 뒤집어 진다고 말씀하셨다. 나는 그 말을 들을 때마다 속으로 계산해보곤 했다. 대체 지금 몇 번째 뒤집어진 상태인가를.

홀수이면 뒤집어 있을 것이고, 짝수이면 정상일 것이다.

나는 23년 동안 시어머니를 모시고 살았다. 그러니 최소 하루에 한 번씩 내가 시어머니의 오장을 뒤집어지게 만들었다면 나는 시어머니의 오장을 일 년이면 삼백 육십 오번, 이십 년이면 칠천 삼백 일에다가, 삼 년이면 일천 구십 오, 그러므로 도합 팔천 삼백 구십 오번 뒤집히게 해드렸다는 계산이 나온다.

홀수, 확실했다. 뒤집어져 있다는 것이.

내장이 뒤집어진 상태에서 살 수 있느냐, 절대로 살 수가 없다. 그러니까 시어머니의 돌아가심은 바로 내 탓, 바로 유아이사由我而死(나로 말미암아 죽음)** 인 것이다.

시집살이 하자면 간도 쓸개도 다 빼어내야 한다고들 했다. 그러나 간과 쓸개를 빼내고서야 생명이 유지되느냐, 절대로 그럴 수 없다. 그러나 죽기 때문에, 버리기 때문에 영원히 사는 것이다. 한 알의 밀알이 땅에 떨어져 죽지 아니하면 한 알 그대로 있고 썩으면 많은 열매를 맺는다고 말하지 않는가? 그런데 나는 그렇지 못하여 가슴앓이 하며 힘겹게 살았다.

시어머니로부터 꾸중을 들을 때마다 콩알만큼 작아지고 오그라지고 하던 나의 간은, 썩어야 할 내 대신 충격을 받았을 내 간이 정상인 것을 보면(아직 내가 죽지 않은 걸 보면) 시어머니로부터 꾸중을 들은 횟수는 내가 시어머니의 오장을 뒤집어 놓은 횟수보다 언제나 하나씩 적었던 모양이다. 이걸 보면 시어머니께서 나를 정말로 미워하시지 않으셨다는 걸 알 수 있다.

그런 줄도 모르고…….

아픈 만큼 성숙했을 내 간이 오늘따라 밉다.

* 간장肝腸, 심장心臟, 비장脾臟, 폐장肺臟, 위장腎臟.

** 백인이 유아이사佰仁 由我而死라 했다. 진나라 때 왕도王導가 친구 백인의 도움으로 살았지만, 정작 자신은 백인을 살리지 못한 것을 탓한 말이다. 이 말은 '조침문'에도 나온다.

형님께

형님,

추석이 지나니 아침저녁으로 부는 바람이 제법 품을 파고듭니다. 그간 별고 없으셨는지요. 한번 찾아뵙는다는 것이 이리도 늦었습니다.

형님,

추석이야기를 꺼내려 합니다. 이번 추석에는 무척 슬펐습니다. 아버님 차례만 모시다가 어머님 차례까지 모시려니 눈물이 앞을 가렸습니다. 겉치레 인사말이 아닙니다. 나란히 놓인 두 분 영정 사진을 보면서 부부의 의미를 새삼 느낀 것입니다. 요즘 젊은 아이들처럼 쉽게 만나고 쉽게 헤어지는 그런 부부가 아니라는 것을, 죽어서도 끈끈히 이어지는 부부라는 것을 말입니다. 모신다는 문제에 대해서도 마찬가지였습니다. 모시기 힘들다고 툴툴거리던 시어머니셨건만 시어머니는 돌아가셨어도 여전히 제가 모셔야 할 부모의 의미였습니다.

추석 전날 이것저것 장만한다고 종일 물에서 손을 빼낼 새가 없었는데 그것도 일이라고 조금 피곤하였습니다. 그래 추석날 아침에는 선뜻 눈을 뜨지 못하고 꾸물거리고 있었더니 아범이 그러더군요. 성미 급하신 어른이니 빨리 모시자고요. 그 소리를 듣고 저는 총알같이, 정말 총알같이 자리에서 일어났습니다. 그러고는 분주하게 준비를 했습니다. 어머니께서 살아계셨을 때처럼 말이예요.

그러나 제가 아무리 성심껏 차례를 올린다 해도 어머니께서 드실 수가 있는 것입니까? 송편을 빚을 때에도, 식혜를 끓일 때에도, 약식을 찔 때에도 도통 흥이 나지 않았습니다. 반달보다 더 예쁘다고 칭찬하시던 송편도, 호수같이 맑게 가라앉혀 놓은 식혜국물도, 찹쌀약과도 이것들을 드실 어머님이 계셔야 의미가 있지 어머님이 계시지 않고서야 무슨 의미가 있겠습니까?

차례를 다 지낸 후 식구들끼리 둘러앉을 때에도 저희들은 또 한 번 어머님의 빈자리에 눈이 가서 식구들 눈동자마다 눈물방울을 매달아야 했습니다.

형님, 불사조란 새가 있다 합니다. 저는 정말 어쩌면 어머님께서 불사조일는지 모른다는 생각을 하곤 하였습니다. 어머님은 그렇게 건강하시지 않았습니까? 처음 중풍이 왔을 때에도 어머님께서는 넘어진 자리에서 지푸라기를 털듯이 일어나셨습니다. 그러고는 원래 시어머니 모습대로 치마에 쇳소리를 내시며 돌아다니셨습니다. 그렇게 다시 건강해지셨기 때문에 저도 앞으로 한 십 년은 더 시어머니를 모셔야 할 것을 생각하였습니다. 그런데 삼 년 만에 다시 중풍이 재발할 줄을 누가 알았겠습니까?

형님, 저는 늘 기도하곤 하였습니다. 제가 어머니께 꼭 필요한 사람이 되게 해주십사 라고요. 그런데 실상 저는 어머니께서 편찮으실 때에만 그런 사람이 되곤 하였습니다. 얼마나 가슴 아픈 일인가요? 그런데 그게 사실이었으니 저는 얼마나 나쁜 사람이었을까요? 그때 형님은 자주 오시지 않았어요. 어머니께서는 형님을 무척 보고 싶어 하셨지요. 그럴 때마다 저는 형님을 야속하게 생각하였습니다. 그런데 그것이 저와 어머니 사이를 가깝게 해주시려는 형님의 크신 뜻이라는 걸 알고 얼마나 제 가슴을 쳤는지 모릅니다. 또한 형님은 친정어머니셨기에 더욱 가슴이 아프시다고 하셨습니다. 저는 그것이 어머니에 대한 형님의 다하지 못한 효 때문인가 그렇게만 생각하였습니다. 그런데 그것이 어머니와 저와의 사이에서 형님께서 늘 "엄니가 참어유, 엄니가 참어" 그랬던 것에 대한 후회, 회한이라는 걸 형광등처럼 늦게서야 깨닫고는 얼마나 비통했는지 형님은 아마 모르실 것입니다.

쥐구멍에라도 숨고 싶은 마음 바로 그런 것이었습니다. 허물 많은 올케건만 예전의 일은 기억 안 하시고 언제나 반갑게 맞아주시는 형님을 뵈올 때마다 저는 또 다짐합니다. 어머니께 다하지 못한 효를 형님께 해야겠다고 말입니다.

어머니께서는 우리 곁을 떠나셨지만 저희들의 마음속에는 언제나 살아계시고 함께하신답니다. 형님 말씀대로 알뜰하게, 형님의 넓은 마음을 헤아리면서 그리고 아범을 사랑하면서 열심히 살겠습니다.

이 밤 바람이 찹니다. 건강에 유의하시고 늘 행복하세요.

제3장

시집살이는 축복이다

—하나님, 나의 하나님

너에게 비같이 축복을 내리리라

1980년 12월 31일 밤이었습니다. 퇴근을 한 남편은 마루에서 맥주를 마시고 있었고 나는 언제나의 습관처럼 그 곁에 앉아 있었습니다. 시어머니 방에서는 큰딸과 아들이, 우리 방에서는 막내딸이 귀엽고 앙증맞은 모습으로 잠을 자고 있었습니다.

맥주잔을 연거푸 기울이고 있던 남편이 몸을 제대로 가누지 못하며 내게 말했습니다. 어머니도 당신도 모두 날 죽이려 든다고.

고부간 갈등, 그 틈새에서 얼마나 견디기 힘들면 이런 소리를 하나 하고 나도 마음이 아프던 순간이었습니다. 그때 어느 틈에 마당을 가로질러 오셨는지 시어머니께서 마루로 올라오시는 것이 눈에 들어왔습니다. 열쇠를 혼자만 가지고 다니셔서 오시는 줄도 모르고 있다가 어찌나 놀랐는지 모릅니다.

무언가를 가지러 오신 듯 마루로 해서 방으로 들어오시던 시어머니께서 남편의 마지막 말을 들은 것 같았습니다. 그러자 앞뒤 말을 다 듣지 않으셨을 시어머니께서 나를 돌아보시고 난 후 남편에게로 가서 그의 얼굴을 들여다보고는 혹시 우리 둘 사이에 무슨 일이 있던 것이 아니었느냐며 내게 들이대는 것이었습니다. 술 마시면 그렇기에 나는 별다른 생각 없이 술 마셔서 발갛다고 말씀드렸으나 시어머니께서는 그게 아니라는 것이었습니다. 시어머니께서는 남편이 하는 말을 직접 들은 외에 어쩐지 자꾸 집에 들어오고 싶더라는 한 가지 확실한 신념을 더 가지고 계신 듯 했습니다.

시누님 댁으로 여기로 저기로 전화를 걸기 시작하셨습니다. 남편은 그런 게 아니라고 말했지만 시어머니께서는 막무가내셨습니다. 무슨 정신으로 언제, 어떻게 치웠는지 술상을 치우고 방에 들어와 누웠으나 참으로 난감했습니다. 자야 되나 말아야 되나, 아니 살아야 되나 말아야 하나 정말 이런 소리까지 들어가며 나는 살아야 되는 것인가를 생각하며 뒤척였습니다. 그러다가 남편에게 말했습니다. 내가 죄인이라고.

아침이 되었습니다. 다시 시어머니의 목소리가 전화기 앞에서 들렸습니다. 그래도 다행인지 나를 보러 오는 사람은 아무도 없었습니다. 그렇게 몇 날이 지나고 섣달그믐이 다가왔습니다. 그때만 해도 양력과세를 하던 때였으므로 우리 집에서도 설을 쇠기 위해 이것저것 준비하게 되었습니다. 언제나 그랬지만 시어머니와 함께 부엌에서 일하다 보면 꼭 분란이 일어났습니다. 사소한 것 가지고 야단치시다가 드디어 그 문제가 다시 거론되기에 이르렀습니다.

그렇게 인화된 불꽃은 새빨갛게 타올랐습니다. 나는 시어머니께 말대답을 하였습니다. 지붕이 가렸다고 하나님께서 못 보시는 것이 아니라고, 사람들의 눈을 만드신 하나님이 다 보고 계시다고. 시어머니께서 그릇을 놓았다 들었다 노발대발하셨습니다. 그다음으로 어떤 일이 생길 것을 짐작한 나는 부엌을 뛰쳐나오고야 말았습니다.

이렇게 더 이상 같이 살 수 없다는 생각을 하며 무작정 달려오는 버스에 몸을 실었습니다. 어디로 가야 하나, 눈물이 하염없이 흘러내렸습니다. 세상 사람들은 세밑이라고 모두들 들떠서 행복을 구가하고 있는 이때에 왜 나만 이렇게 울어야만 되는 것일까 부끄러운 줄도 모르고 흐르는 눈물을 닦아대었습니다. 마지막으로 남편이나 보고 가려고 덕수궁 앞에서 내렸습니다.

공중전화에서 동전 떨어지는 소리에 이어 남편의 목소리가 들렸습니다. 그의 목소리가 전선을 타고 울려나오고 있었습니다. 내 심상찮은 목소리를 듣더니 거기가 어디냐고, 가지 말고 거기서 기다리라는 음성을 필터가 걸러내고 있었습니다.

해 저물어가는 덕수궁 앞에서 우두커니 서 있었습니다. 사람들의 물결 속에서 남편의 안경이 차갑게 빛났습니다. 그와 같이 고궁 안으로 들어갔습니다. 커피를 마시고는 어서 빨리 집으로 들어가라고, 자기도 퇴근하는 대로 집으로 들어가겠다고 말했습니다.

둘이서 걸어 나왔습니다. 을지로지하도 입구에 이르자 내 목이 썰렁해보였던지 내게 긴 목의 셔츠를 하나 사주었습니다. 순간 나는 내 자신이 미웠습니다. 집으로 들어가기도 부끄러웠습니다. 남산으로 발길을 돌렸습니다. 아무도 없는 곳에 가서 실컷 울다가 어떤 결론이 내려지면 거기에 따를 심산이었습니다. 그와의 다정했던 밀어들이 낙엽이 되어 내 발 밑에 구르고 있었습니다. 어둠도 내리고 있었습니다. 어두운 곳의 빈 의자로 가서 웃을 입으니 그이의 사랑이 따뜻하게 전해져 왔습니다.

이제 나는 어떻게 해야 하는 걸까, 마음의 갈피를 못 잡고 서성거리던 내 귀에 들리는 소리가 있었습니다. 어떤 여자가 아들인 듯한 아이에게 하는 말이었습니다. 집엔 안 들어가고 여기서 뭐 하는 거니.

그 말은 나에게 하는 말이라고 단정하였으나 다시 발길을 돌리는 순간 자신이 없어졌습니다. 그러나 내게 정해져 있는 길은 하나인 걸 하고 생각하며 땅거미가 지는 남산으로부터 터덜터덜 걸어 내려왔습니다.

눈물이 찬 볼을 타고 흘러내렸습니다. 별같이 아름답던 시절의 친정 부모님과 동기간들, 그리고 어린 것들과 남편의 얼굴이 떠올랐습니다. 못 견디게 보고 싶었습니다. 그들 앞에 이렇듯 부끄러운 사람이련만 보고 싶다는 생각은 뭉게구름같이 일어나 나를 밀어대는 것이었습니다.

살아야 한다는 생각이 나를 지배했습니다. 발걸음은 나를 서대문에 데려다 놓았습니다. 그냥 이 세상 끝까지 걸을 수만 있다면 걷고 싶었습니다. 그런데 벌써 녹번동이었습니다. 큰애는 들러 업고 작은아이는 집에 재워놓고 홍은동 시장 다니느라 오가던 이 길을 눈물로 걷고 있었습니다. 행복에 겨운 거리의 사람들을 훔쳐보면서 걸음을 옮기다보니 어느덧 집 앞이었습니다.

집은 적막과 어둠에 쌓여 있었습니다. 간신히 용기를 내어 벨을 눌렀습니다. 시어머니의 기침소리가 나더니 곧 신발 끄는 둔한 소리가 이어졌습니다. 어둠 속에서 담뱃불이 시어머니의 손가락에서 번쩍 빛났습니다. 시어머니께서는 주무시지 않고 못난 나를 기다리신 듯 했습니다. 코끝이 찡해왔습니다.

어머니, 잘못했어요.

모기만한 목소리가 내 입에서 나왔습니다. 시어머니께서는 아무 말씀이 없으셨습니다. 부끄러워서 남편의 방으로 가지 못하고 부엌 옆의 빈 방으로 들어갔습니다. 불을 때지 않은 방이라 뼈마디가 오그라들 것 같이 추웠습니다.

삼천 냉冷고래, 시린 내 마음처럼 차가운 방바닥에 옷을 벗어 깔고 눕자 눈물이 다시 비 오듯 쏟아졌습니다. 나는 이렇게 살아가야 할 운명인가 생각하며 그 생각을 더듬어가니 도달하는 곳이 있었습니다. 삼십 이년 만에 마감해야 하지 않으면 안 될 운명과 허물투성이 지나온 삶이 또 나를 울게 하였습니다.

내가 떠서 입고 있던 빨간 스웨터의 끈을 풀었습니다. 독한 마음을 품으니 눈물도 나오지 않았습니다. 세상에서 나와 함께 했던 시간들도 호흡을 멈추고 나와 같이 가려는 채비를 하였습니다. 그 때였습니다. 현실인 듯 비몽사몽인 듯 절체절명의 순간이었습니다. 어떤 근엄한 목소리가 허공 중의 공기를 진동시키면서, 차가운 방안을 흔들면서 거룩하게 울려 나오고 있었습니다. 그 진동으로 내 몸도 사뭇 떨리고 있었습니다.

"너에게 비같이 축복을 내리리라."

나는 일어나 무릎을 꿇고 두 손을 모으며 앞으로는 절대로 이런 몹쓸 생각을 하지 않기로 했습니다. 곧 용기가 생겨나서 눈을 동그랗게 뜨시고 나를 쳐다보실 무서운 시어머니 앞을, 평소 같으면 감히 시도조차 할 수 없는 앞마루 문을 열고 시어머니방 앞을 지나 방문을 열고 남편의 방으로 들어갔습니다.

환란 중의 축복

1984년 벽두가 밝아왔다. 시어머니와 남편이 날마다 머리를 맞대고 무언가 논의하더니 한 달여 후에 그 실체가 드러났다. 우리 집은 새로 지을 채비에 분주했다.

워낙 오래 되어 갈라진 방 틈으로 연탄가스가 새어나와 식구들이 중독되는 사고가 잇따르고 화장실도 마당가에 있어서 여간 불편한 게 아니었다. 별들이 찬란히 빛나는 밤이라도 아이들은 화장실에 가기를 무서워하였다. 하는 수 없이 따라 나가 볼 일을 보는 아이에게 재미있는 이야기를 들려주곤 하였다. 그것도 여름이라야 말이지 겨울은 정말 힘든 노릇이었다. 아침운동을 마친 남편이 샤워를 할 수 있는 곳도 부엌뿐이었다.

살림살이는 이웃집에 맡기고 살림은 아래채에서 하기로 하고 곧 집을 짓게 되었다. 이것은 시어머니나 남편에게 일생일대一生一大의 큰일이었다. 그러나 말이 집짓기지 정말 힘든 일이었다. 시집살이가 힘들다고는 하여도 그 동안은 시어머니께서 한 술이든지 반 술이든지 드시고 나면 밖으로 자주 나가셨기 때문에 내가 좀 기를 펴고 살 수 있었는데 이제부터는 24시간을 시어머니와 같이 있어야 하는 것이었다. 그건 생각만으로도 가슴이 답답해지는 일이었다.

집짓기를 감독하시는 시어머니께 식전에 요기하실 것 드리고, 아침 드리고, 참 드리고, 점심 드리고 다시 참에 저녁을 드려야 했다.

그런데 내 자신 먹는 게 변변치 않은 데다가 힘에 부쳤던지 곧 몸에 이상으로 나타나기 시작했다. 새벽 복부에 경련이 일어나고 6시경 혈압이 올라 뒷목이 뻣뻣해지면 머리가 어지럽고 속이 메슥거리는 것이었다. 큰딸은 중학교, 아들은 초등학교 5학년, 막내딸은 초등학교 1학년 때였다. 아침밥을 지을 수 없으니 시어머니의 걱정이 이만저만이 아니었다. 식구들끼리 우유와 빵으로 아침을 때우게 되었다. 지금 한참 어려울 때니 잘 참아보라는 말을 남기고 남편도 침울한 얼굴로 출근을 하였다. 방안에 누워서도 밖의 동정을 다 듣게 되는 것이 더 고통스러웠다.

내가 누워 있으면 시어머니께서 걱정하실 것이라는 그 걱정과 두려움으로 머리가 아파오는 것이었다. 나는 의식도 없이 종일 누워있어야 했다. 머리가 터질듯이 아팠다. 천장이 어디론가 흘러가고 몸은 아래로 아래로 한없이 추락하는 것 같아서 정신을 차릴 수가 없었다. 그래도 젊어서 그랬던가, 속에서 밀고나오는 뜨거운 것들을 다 토하고 나면 저녁에는 정신을 차릴 수가 있었다. 다음

날 겨우 일어나 밥을 하고 시어머니 시중을 들다 보면 제대로 먹지 못한 나는 다음날 새벽 또 다시 그 두려운 증상들을 겪어야 했다. 혈압이 오르고, 뒷목이 뻣뻣해지고, 천장이 어디론가 흘러가고, 나는 추락하고…….

병원에라도 가려고 방에서 기어 나왔다. 옆집 담을 붙잡고 걸었는데 그 담이 자꾸 움직여서 걸음을 뗄 수도 없었다. 비틀거리며 걸어가다가 골목 입구에서 쓰러졌다. 혜연이 아빠가 나를 업고 병원에 갔다. 병원에서 자꾸 토하자 큰병원으로 가라고 했지만 그럴 수도 없는 상황이라 임시변통만 하고 돌아 나왔다.

제일 먼저 학교에서 돌아온 아들이 밥 삶은 멀건 물을 먹으라고 갖다 주곤 했다. 그걸 본 동네 아주머니들이－영경이 자당님, 최금란 씨, 혜연이 어머니, 정집사님－죽을 쑤어다 주고, 약을 사다 주고, 딸기를 사다주고 하였다. 그때 그 음식들은 음식의 의미를 벗어난 사랑 그 자체였다. 금란 씨가 이 세상 사람이 아닌 것은 지금도 슬프고 다른 분들에게는 보답을 하지 못해서 슬프다.

겨우 회복을 해도 다음날부터 똑같은 일과가 계속되었으므로 나의 이런 증세는 쉽게 가라앉지 않았다. 삶의 뒤안길은 생각하지 않기로 하였는데 이젠 더 견뎌내기가 어려웠다.

어쩌는 수가 없었다. 친정에서 데리러 왔으나 사실은 친정으로 갈 수도 없는 부끄러운 사람이었다. 죽어도 시집에서 죽으리라고 생각했다.

친정 남동생은 떨어지지 않는 발걸음을 떼며 돌아가고 또 다시 몹쓸 생각을 하던 그 날 밤 꿈에 나는 천사를 보았다. 우리가 늘 말하는 천사, 날개 달린 천사를. 그 옆에는 어떤 근엄한 분이 내게 무언가가 쓰여진 종이를 내미시는 것이었다.

"환란 중의 축복"

이라는 여섯 글자가 적혀있었다. 그 종이에는.

제4장

내 사색의 창

북한산

서울 도심에 이런 좋은 산이 있다는 건 축복이다. 한 주간 동안 쌓인 욕망의 잔재들을 날려버리리라고 건강한 땀을 흘리리라고 집을 나선다.

계곡을 거슬러 오르기 시작한다. 단풍, 소나무, 상수리나무의 잎이 때마침 휘몰아치는 가을바람에 눈 날리듯 쏟아져 내린다. 대자연이 회색에 찌든 우리 도시민에게 낙엽의 제전 - 눈처럼 흩날리는 낙엽의 축제를 베풀어주는 것이다. 그리하여 나는 지금 그 축제 속을 더듬어 올라가는 것이다.

언제였던가, 며칠을 미루다 산에 가지 못했을 때 이미 홍엽紅葉은 다 지고 앙상한 가지만이 남았던 그때, 그들의 낙엽제에 동참하지 못했던 걸 나는 얼마나 서운했었나. 그러나 나는 지금 뻗쳐오르는 기쁨을 누르며 그 그늘 속을 걸어가고 있는 것이다.

푹신한 낙엽들이 만드는 양탄자가 내 발걸음도 가뿐하게 해주고 있다. 오뉴월 성하다가 이제 쇠한 자연의 모습이다. 파랗다가 노랗다가 빨갛다가 자연으로 돌아가는 자연 순리의 모습이다. 나 또한 중년의 노란색, 어느 땐가 내 몸의 한 부분으로 빨간 물이 스밀 것이다. 나이 먹는 걸 자연스럽게 받아들여야지 하면서도 가을만 되면 서글퍼지는 어린 나다. 작년 가을 낙엽을 보면서 다짐을 했었다. 내년에는 반드시 풍요한 가을을 맞이하겠노라고. 그러나 사람은 속아 사는 것, 내 발밑으로 가난한 가을이 밟히고 있으나 내 발걸음은 안다. 또 풍요한 가을의 청사진은 머릿속에 그려지고 있음을.

오랜만에 와서 그런지 오르기가 쉽지 않다. 모두들 땀을 뻘뻘 흘리며 오르고 있다. 무엇을 찾아서 이리들 헐떡이며 오르는 것일까? 산이 거기 있기 때문인가. 생각의 그물에 잡히는 내 말을 찾으려고 부지런히 생각의 끈을 늘인다. 내 말을 찾으면 나의 꿈은 이루어지는 것일까. 잡혔다가 놓아주고 놓았다가 다시 잡히는 사색의 그물. 거기에 비해 꿈이란 이루기 위해 피와 살을 가진 몸이 있어야 하는 것일 게다.

어느덧 정상이다.

산바람이 허둥지둥 올라온 시간의 땀을 식혀준다. 정상이라는 의미가 나를 더 뿌듯하게 한다. 기를 쓰듯 올라오는 사람들이 보인다. 이미 내가 걸어온 발자취를 더듬어 오르는 그들이 가엾다. 내가 힘들게 걸어오는 것으로써 저 수고를 대신할 수 있다면 얼마나 좋을까, 그렇지 못하는 데에 슬픔이 있다. 삶도, 산도.

올랐으니 내려가야 한다. 내 나이도 벌써 내리막길이다. 나는 지금부터 두 개의 내리막을 가야 하는 것이다. 그런 생각을 하니 빨리 내려가고 싶지 않다. 그러나 내리막은 오르막과 달리 속도마저 붙으니 어쩌는 수가 없다. 발걸음을 제어하여 바위에 걸터 앉아본다. 오랜 세월 깎아지고 닳아져서 반들반들하다. 오가는 사람들을 말없이 받아주는 바위, 억만년 그 자리에 있는 바위 같은 사람이 되고 싶다.

다시 계곡을 짚어 나간다. 떨어져 나뒹굴던 낙엽들이 물가에 어지럽다. 물은 어디선가 흘러와 고였다가 다 차면 스스로 정화한 몸을 밑으로 내려 보낸다. 내려가면서 낮아지면서 미적이들을 먹여 살린다. 나는 또 물 같은 사람이 되고 싶다. 눈을 들어 하늘을 본다. 나뭇잎들에게 가리워졌던 하늘이 이제는 구름장을 날리며 드높다.

이런다고 무엇이 달라지랴만 정해진 하산 길도, 삶의 길이도 늘어나는 게 아니지만 그래도 사색을 하며 걷다보면 내 삶이 더 풍요해질 것이다. 앞으로의 삶이 지나온 삶보다 많이 남았다고 생각하고 싶어진다.

북한산에 와서 삶을 배우고 산을 배운다. 책을 읽으면 읽은 만큼 앞으로 나간다는 말처럼 내일을 충전하고 돌아서는 마음에 날개가 달린다. 서울의 보석, 아름다운 북한산을 눈 속에 담고 내딛는 발걸음에 바퀴가 달린다.

북한산은 내 뒤에 있었다. 그는 또 다른 이의 북한산이 되기 위해 거기 그렇게 서 있었다.

(1993. 10. 22, 은평구청 주부백일장 최우수상 수상 작품)

가을걷이

가을비가 부슬부슬 내려오더니 뜰 앞 감나무 잎새마다 가을물이 들었다. 소소리 바람 불어오더니 감나무 발간 잎을 무심하게도 뚝뚝 떨어뜨려 놓았다. 발가벗은 빈 가지에는 주홍감이 파랗고 높은 가을 하늘에 홍보석처럼 주렁주렁 열려 있었다. 그것은 한 해 동안 그네들의 쉼 없는 노동과 인내가 헛되지 않았음을 자랑이라도 하는 듯 하였다.

뽀오얗게 마당맥질해 놓은 널따란 뒷마당에 멍석이 깔리고 마당 가생이로는 볏짚이 둘러쳐졌다. 그 한가운데에서 볏짚을 터는 탈곡기소리는 온 동네의 소음을 다 빨아들이는 듯 하였다. 서로 주고 받는 말들도 악을 쓰듯 소리를 질렀으나 그것은 절대로 화난 얼굴들은 아니었다. 수북이 쌓이는 나락들을 보면 안 먹어도 배가 부르고 마음은 설렜고 기분이 좋아서 어깨춤이라도 나올 듯한 그런 날이었다.

추수기를 맞아 학교에서 일찍 돌아온 나도 그들 틈에 끼어서 한 사람의 품군 노릇을 단단히 하였다. 지붕같이 쌓인 낟가리 위에 올라가 볏단을 헐어 밑에 있는 셋째언니한테 던져주는 일이었는데 어른들이 일에 정신이 팔려 있는 눈치가 보이면 그 위에서 펄쩍펄쩍 뛰기도 하였다. 종아리에 닿던 꺼칠한 느낌도, 짚단 밑으로 빠져들어가도 싫지 않았던 하늘만큼 높기만 하던 어리던 날의 행복한 추억이 그립다.

할머니와 엄마와 언니는 밥 해내랴, 참 해내랴, 술상 내오랴 하루 종일 부지깽이 들고 아궁이 앞에 앉아 불 때기, 설거지, 반찬 마련하느라 정신들이 없었다. 수꼬사 저고리를 입은 언니의 발갛게 익은 얼굴 위로 불티와 탑새기와 그을음이 앉아 코 끝은 새까맣고 매운 연기로 하여서는 눈가가 짓물러 있었다. 부뚜막 위에 얹어있는 가마솥 안에는 그날따라 하얀 쌀밥과 온 몸에 고춧가루와 파와 마늘을 홈빡 뒤집어 쓴 갈치가 쪄지고 있었다. 광천 독배에서 갓 잡아 올린 은비늘이 번쩍이던 생갈치였다. 그것도 품이라고 작은언니와 내게도 개다리소반 한상이 차려나왔다. 어슷어슷 썬 무에 오징어를 넣고 끓인 오징어찌개는 일품이었다. 물이 좋아 오돌오돌하게 씹히던 맛이 그만이었으니 추수하는 날은 이런 음식들을 먹는 것으로도 기다려지는 날이었다.

점심식사 후에는 막걸리가 동이째 들려나와 대접 잔이 각 사람에게 돌아갔다. 아버지의 성긴 턱수염 밑으로 방울방울 지던 막걸리와 안주로 나온 무청김치를 집어먹으며 소출이 얼마나 될 것인가 이야기를 나누던 이 서방과 용머리에 사는 박 서방이라는 이의 모습이 눈에 선하다. 머리에 질끈 둘러 쓴 수건 위로 탑새기가 보얗게 내려앉은 모양과 번들번들하고 진득진득한 땀이 배어있던 모습들이 어제런 듯하다.

탈곡기로 다 턴 나락들은 멍석에 널어 고무래와 갈퀴로 이리저리 저었고, 뒷마당에서는 탁탁-도리깨가 제 키를 반지름으로 하늘을 돌며 콩깍지 터느라 쉴 사이가 없었다. 달구지로 수십 번 날라 광 속에 가득 채웠던 고구마와 그것을 깎아먹으며 할머니의 옛날이야기를 들을 때는 귀뚜라미 소리도 정녕 슬프지 않았다.

수수를 털어 말리고, 깨를 키질하고, 배추 밑동을 도려다가 김장을 해 넣고, 마른 콩깍지로 불을 때서 메주를 쑤고 다 털고 난 볏짚으로 지붕 이엉을 해서 새로 일고, 김장 하고 남은 배추와 무를 땅에 묻는 것으로 우리 집 가을걷이는 끝이 났었다. 그러나 워낙 많은 농사라 일은 끝이 없는 듯했다. 가을걷이 마당에 빗낱이라도 듣는 날이면 얘, 이것 덮어라, 저것 걷어 들여라 말씀하시며 종종 걸음을 떼시던 할머니와 어머니의 부산스럽기조차 하던 음성과 몸짓은 이제는 들을 수도, 볼 수도 없는 것들이 되어 버렸으며 타작마당은 이제 추억 속에나 들어있을 뿐이다.

어린 시절은 그처럼 풍성한 가을을 맞이하곤 했는데 어른이 된 지금은 시어머니께 사드린 스텐리스스틸 요강이 3중 바닥이 아니어도 되는 것처럼 뿌린 것이 없으니 거둘 것이 없음을 너무나도 당연하게 받아들이고 있다. 게으른 자에게도 임하는 신의 축복이라고 생각하며 무를 썰어 말리고, 시래기 말리고, 버섯 말리고, 동생네 집에 가서 사놓은 고추자루나 둘러메고 오는 것으로 가을을 대신하고 있다.

이제 나는 감나무 아래서 빈 가슴이나 쓸어내리는 그런 가난한 가을 사람은 되지 않아야 한다. 봄이 오면 자갈투성이인 내 마음 밭을 일궈 조그만 내 말의 씨를 심어 여름 한 철 김을 매고, 가을에는 풍성히 거둔 말의 가을걷이 타작마당을 마련해야 한다. 까만 점이 되어 하늘 끝으로 날아가는 기러기 떼도, 벼 그루터기만 남은 빈 들녘에 울려 퍼지는 오포소리도 슬프게 바라보지 않던 그런 풍성한 가을을 맞이해야 한다.

착한 농부의 딸인 나는 이 땅의 언어를 갈고 닦아 맥질한 마당에서 털고, 말리고 찧어 곡간 가득 채워야 한다.

(10월 29일, 은평구청 백일장 우수상 수상 작품)

유구무언有口無言? 대구무언大口無言!

아이들이 어렸을 때의 일이다. 학교에서 엄마 얼굴을 그려오라고 하면 아이들은 내 입이 있어야 할 자리에 커다란 도우넛을 그려 넣곤 했다. 내 입술은 그처럼 두껍다. 두툼하다. 솜 넣고 누빈 솜이불같이. 그래서 썰면 열 사발은 됨직하다는 장화홍련전의 허씨 부인이야기만 나오면 나는 기가 죽는다. 아이들과 빵집에 갔을 때도 혹시 도우넛 사면서 내 입술 얘기가 나올까봐 그 자리에서 먹고 가자는 아이들의 말을 무시하고 거의 반강제로 봉지에 넣게 하여 집으로 가지고 온다.

옛날 중국에 소원이란 기생이 있었다. 그런데 그 여인의 입술이 어찌나 예쁘던지 앵두를 먹으면 앵두가 입술을 먹는지 입술이 앵두를 먹는지 분간할 수 없었다 한다. 그 아름다움이 어떠했으랴.

집에 돌아와 아무도 없는 빈 방에서 나는 소원이 되어 보는 것이다. 입술로 도우넛을 먹는지 도우넛이 입술을 먹는지 모를 무아

지경이니 그 아름다움이 어떠했으랴.

그러나 원래 내 입술은 그렇게 두껍지 않았다. 어렸을 때 부끄러운 일이 생기면 손가락을 빨고, 아래위 입술을 빠는 버릇이 있었는데 그러다보니 이렇게 기하급수적으로…….

이것도 이유지만 더 큰 이유는 식구가 많은 데 있었다. 어렵다던 보릿고개에 먹을 것을 앞에 두고 다소곳이 오물오물 먹다가는 내 차례까지 올 리가 만무萬無였다. 더구나 조부모님에 부모님, 오빠와 올케와 조카와 열 형제 거기에 머슴들까지 있었으니 음식 앞에서 속도전이 벌어질 수밖에 없었다. 어른상 앞에서는 그럴 수 없으나 우리끼리의 상 앞에서는 아무나 빨리 먹는 사람이 임자였던 것이다. 그 중에서도 나의 속도가 빨랐음도 말할 것 없다. 꾸역꾸역 볼이 미어져라 하고 밀어 넣었다. 그렇게 먹고도 누가 남기지 않나 호시탐탐 상을 물릴 때까지 상 앞을 떠나지 않았다. 셋째 언니가 한 숟가락이라도 꼭 남겨주었다. 그것이 내 키가 크는 데는 큰 도움을 주지는 못했지만 입 크는 데는 당당히 일조를 한 것 같다. 덕분에 언니는 형제 중에 키가 제일 작다. 선친께서는 그렇게 먹어대는 것이 걱정스럽다고 말씀하시면서도 공부 제법 하는 게 별일이라고 미운 자식에게 떡 하나 더 주는 법이지만 네게만은 안 줄 수가 없다고 언제나 하나라도 더 내게 주시곤 하셨다. 정말 엄청나게 많은 논과 밭에서 거둬들인 숱한 곡식들이건만 하여간에 대식구의 호구糊口*에도 닿지 않았다. 생고구마까지 깎아먹은 입술은 시퍼러둥둥 제 빛을 간직할 새가 없었고 찐 수수도 큰 입에는 넉넉하지 않았다.

어제 모처럼 TV를 보게 되었다. 가는 날이 장날이라고 아프리카 흑인들이 대거 등장하는 장면이었다. 나는 식구들 눈치 못 채게 슬그머니 그 자리를 빠져나왔다. 입술 얘기가 또 나올 것이 분명하기 때문이다. 일찌감치 쥐구멍을 찾아야 한다. 입술이 큰 죄가 있어서 가슴이 조마조마한 것이다.

그러니 입술 그리는 것도 문제다. 생긴 대로 그리자니 입술이 크다는 걸 광고하는 격이요, 줄이자니 속 보인다. 그렇다고 안 그릴 수도 없다. 그래서 내가 제일 부러운 사람은 남 앞에서도 내놓고 대놓고 입술을 그리는 여자들이다. 요즘 재산공개하면서 실제보다 적게 신고하려는 고급 공무원이나 국회의원들의 심정이 이와 같지 않을까?

가재는 게 편이다. 길가에서고 어디서고 입술이 두툼한 사람을 보면 우선 반갑다. 고맙다. 동류라서 고맙고 내 고통을 나누니 고마운 것이다. 가여워서 괜스레 마음이 끌리기도 한다. 참으로 후덕해보이기까지 한다. 입술만큼 마음에 두께가 있으리란 생각이 드는 것이다.

그러나 정작 내 마음은 입술을 따라가지 못한다. 오히려 단춧구멍만한 눈을 닮았다. 눈이 보는 기능 대신 먹는 기능을 가졌다면 나는 단연 타의 추종을 불허, 군계일학이었으리. 그런데 무슨 볼거리를 그리 못 보아서 그리도 작은지. 아하! 시집살이 하느라고 눈멀어 살아서일까? 그럼 벙어리로 살아온 입은 왜 크누? 그것도 설득력이 없다. 좌우지간 클 것은 안 크고 안 클 것은 커서 비극이다.

지난 가을이었다. 구청의 주부백일장에 참가했는데 글쓰기가 끝난 후 심사하는 막간을 이용해서 여흥시간이란 걸 가지게 되었다. 맨 먼저 신체의 특징을 찾아내는 놀이가 시작되었다. 눈이 큰 사람을 찾으라 하자 몇 사람이 후보로 나갔다가 그 중에서 왕눈을 가진 사람이 승리하여 의기양양하게 들어오고 있었다. 다음은 키가 큰 사람이었고, 또 그 다음은 코가 큰 사람 …… 이렇게 진행되고 있었다. 나는 옳다구나 코까지 나왔으니 다음은 입이렸다, 하고는 짐짓 볼 일이 있는 것처럼 허둥지둥 화장실에 가서 늦게 올 요량을 하고 먼 곳에 있는 화장실을 찾아갔다. 돌아와 보니 내 짐작대로 신체의 특징은 다 끝나고 옷 빛깔로 들어가고 있었다. 가장 많은 색의 옷을 입은 사람이 앞에 나갔다가 또 승리하여 미소를 지으면서 들어오고 있었다.

누가 내 지능을 따라가랴 혼자 회심의 미소를 짓고 있었다. 그런데 이게 무슨 날벼락이냐, 갑자기 입이 큰 사람 나오란다. 신체는 이미 다 끝났는데 나는 내 귀를 의심했다. 그런데 더 아연실색할 노릇은 모두들 나를 쳐다보고 있는 것이었다. 나 없는 새 역적모의라도 했던 말인가? 세상에 그렇게 부끄러울 수가 없었다. 백일장의 장원도 기쁘지 않았다.

지금 생각해보면 그렇게까지 할 게 뭐 있었나 싶다. 입술만큼 철이 드나보다. 앞으로 그런 위기에 처한다면 나가서 그 큰 입으로 노래를 부르리라. 투가리보다 장맛이라고 노래는 좀 하니까. 그렇다고 신이 내린 목소리를 기대하면 안 된다. 그저 우리 아버지, 어머니가 주신 지극히 평범한 목소리다. 보조개도 만들어주신 조물주는 공평한 분이시다.

엊저녁이다. 남편에게 하루 서너 번씩 양치질을 한다고 말했다. 그랬더니 온 세상에, 그래서 입이 크다는 것이었다.

(1993년, ≪에세이문학≫ 1회 추천 작품)

* 호구: 입에 풀칠을 한다는 뜻으로, 겨우 끼니를 이어 감을 이르는 말.

아침

이웃집 장미덩굴이 담 밖으로 고개를 살짝 내밀었습니다. 오늘따라 좁다란 골목길이 화안했습니다. 그런데 어쩌나요? 간밤에 비가 내렸는데 글쎄 바로 그 장미덩굴이 골목에 세워 둔 우리 차의 앞 유리창에까지 축 늘어져 있지를 않겠습니까? 초여름 비의 무게를 이기지 못해 푹 고개를 숙이고 있는 장미의 모습은 마치 패장과도 같았습니다.

아침이 되었습니다. 우유를 꺼내려고 현관문을 밀치며 내다보니 찬란한 아침 햇살이 터진 구름 사이로 쏟아져 내리고 있었습니다. 그러자 조금 전까지도 패장 같던 장미가 어느새 물기를 말렸던지 이번에는 전승장군이 되어 담벼락 위로 반짝 들어 올려져 있지를 않겠습니까? 나는 그것을 6월의 젊음이라 이름하였습니다. 그렇습니다. 바로 위대한 아침일 것입니다.

그 골목 앞으로 그릇장수가 지나가다가는 좋은 자리라는 예감이 들었던지 장사할 준비를 하는 것이었습니다. 찜기받침, 국자, 주걱, 솥, 바가지 그 외 김치통이니 뭐니 별거별거 다 있어서 있을 건 다 있고 없을 건 없다는 화개장터를 방불케 하더군요. 소꿉장난 같았지요. 신랑 노릇이야 그가 하겠지만 색시노릇은 누가 하나요? 아래위 입술을 지그시 감쳐물어 슬픔을 꾹 누르고 출근하는 남편을 배웅하러 나갔다가 다시 그 사람을 보게 되었습니다. 여전히 혼자서 들놓으며* 소꿉놀이를 계속하고 있었습니다. 오늘은 그로 하여 우리 동네의 아침은 참으로 아기자기할 것입니다.

나도 아침을 맞이하기 위하여 길을 나섰습니다. 백화점 앞에 이르렀더니 개점시간을 알리는 종이 울리고 있었습니다. 병정들이 이리저리 움직이며 부는 피리소리와 경쾌한 실로폰 소리가 함께 울려나왔습니다. 그러자 기지개를 펴며 깨어났던 털북숭이의 아침이 때벗이를 하는 과일처럼 조용하게 일어나는 것이었습니다.

아침의 해맑은 공기를 가르며 퍼져 나간 그 종소리가 사람들의 가슴에 마법의 홀씨가 되어 날아간 모양입니다. 홀씨에 닿자마자 사람들은 모두 동화나라의 어린이가 되었습니다. 그리하여 떨리는 가슴을 부여안고서 명랑한 그 소리에 홀린 듯 귀를 기울이고 있었습니다. 신호등 앞에서 멈춘 택시기사는 운전대 위에 손을 올려놓은 채 듣고 있었고 자전거를 타고 가던 아저씨도 핸들에 손을 올리고는 어린 시절로 돌아간 듯 눈을 지그시 감고 있었습니다. 나도 사람들 틈에 끼어서 파란 신호등이 켜지기까지 망설이며 그 나라를 지켜보았습니다. 사람들의 얼굴에 희망이 떠오르고 있었습니다. 아아, 참으로 아름다운 아침이었습니다.

이런 좋은 아침을 우리만 맞이하면 되나요. 지난밤 새도록 육신의 고통을 이겨 낸 사람과 오랫동안 마음의 아픔을 참아온 사람들과 진리가 무엇인지 이제 막 터득한 사람에게, 아닙니다. 세상의 모든 고통을 받는 사람들에게 골고루 와야만 합니다. 아침이란 희망이나 승리의 또 다른 이름이기 때문입니다.

골안개가 피어오르는 골짜기의 산사山寺는 범종이 울림을 시작으로 아침을 깨울 것이며 아직 햇살이 퍼지지 않아 검푸른 바다에서 그물을 던지는 어부들은 새벽 바다의 갈매기가 뱃전을 한 바퀴 돌며 그들에게 미소를 보내는 것으로 아침 맞는 기쁨을 대신하겠지요. 호반도시의 아침은 햇살에 물안개가 스러지는 것으로, 희부윰한 도심의 새벽은 털털거리며 달려온 버스와 신문과 우유배달원이 열 것이며 공장에 가는 남자의 아침은 그의 억세고 굵은 손아귀에 들려있는 도시락이 함께할 것입니다. 새벽거리를 청소하는 청소원에게는 안전작업복과 빗자루가, 밤 동안의 평화를 염원하며 원두막으로 나가는 우리 아버지에게는 먼동이 터옴을 알리는 노고지리와 풀잎에 맺힌 이슬이 알려 주었을 테고 새벽 등산객에게는 뱃속을 서늘하게 하는 시원한 약수가 안겨 주었을 것입니다.

어렸을 때는 샘물을 길어 보리쌀을 치대는 어머니의 이남박 소리와 가마솥에 군불을 때는 풀무소리와 두부장수의 종소리가 아침을 깨웠지요. 잠꾸러기 동생들은 해님과 나팔꽃의 나팔소리에 가만 눈을 떴고요.

그러면 인간한계에 도전하는 알피니스트에게 대체 아침은 어떤 모습으로 다가왔을까요? 그것은 구름과 안개에 쌓인 험준한 봉우리 위로 신비한 베일을 벗으며 떠오르는 아침 해, 거기에서 쏟아져 내리는 빛의 힘찬 줄기가 아니었을까요? 그때 온갖 역경을 헤치고 지나온 그 뿌듯한 정복자들이 느꼈을 경이로움과 설렘을 한번 상상해 보세요.

아, 잊었습니다. 저희 주부들, 눈만 뜨면 습관적으로 부엌문을 여는 이들, 가족들에게 환희에 찬 건강한 아침을 주고 싶은 저희들을 기억해주세요. 그들의 순한 아기들은 '뽀뽀뽀'로 하루를 시작합니다. 또한 그들의 사랑하는 아버지들은 화장실의 변기 위에 앉아서 그날 새벽 막 배달되어 온 신문을 들여다보는 것으로, 아름다운 딸들은 화장품을 얼굴에 두드리는 것으로 하루를 시작하지요.

밤새 파수꾼이 목을 늘이며 기다렸을 아침, 한 전능한 이가 말씀으로 이 세상을 지으실 때 저녁이 되면 아침이 오곤 했지요. 그 후로 단 한번 거름이 없이 우리에게 다가온 아침은.

그것이 너무도 거룩하고 위대하여 두 손을 모았습니다.

* 들었다 놓았다 하다.

신사동 옛집

용산의 한 아파트로 이사를 가게 되니 십사 년이나 살던 집이 옛집이 되어버렸다. 바로 어저께까지만 해도 우리 집이었는데 팔고 떠나게 되니 우리 집이 아니었다. 나는 내 집이라 말할 수 없고 집은 주인이 바꾸어 우리는 순간에 슬픈 존재들이 되었다.

재개발이 한창인 신사동 298번지 일대를 지나 약수터를 오르고 내리곤 했었다. 그 당시만 해도 내가 이사를 갈 줄은 꿈에도 생각하지 않은 때여서 이사를 가고 난 빈집의 어지러운 세간살이를 아린 눈길로 바라보곤 하였다. 처음에는 그 집도 감격의 대상이었을 것이기에 그렇다. 그 중의 한 집은 전쟁의 소용돌이 속 같은 파괴의 현장에서도 오롯이 서 있었다. 무슨 사정이 있겠지 하면서도 어서 쌍방 간에 합의가 이루어지기를 바랐는데 그건 결국 그 집이 헐려야 하는 것이었으므로 나는 속마음을 들키지 않으려는 듯 서둘러 발걸음을 돌리던 때도 있었다.

그러니 내가 신사동을 떠나게 된 건 몹쓸 내 마음 때문이다. 그것밖에는 달리 핑계를 댈 수가 없었다. 물론 춥다고, 골목이라 차를 들여 넣고 빼내기 어렵다고, 그럴듯한 쇼핑센터 하나 없다며 집에 대한 불평이 없었던 것은 아니지만 지하철이 생겨 역세권이 되자 그 자부심이 앞의 불만을 꽉꽉 눌렀다. 그런데 뒷집이 집을 내놓았을 때 우리 집까지 산다는 말을 듣고는 기회는 찬스라고 시누님한테 상의를 한 후 과감히 이사를 계획한 더 큰 핑계가 있지만 말이다.

집 보러 다닌다는 것, 그것은 참으로 가슴 설레는 일이었다. 그러므로 미구에 닥칠 서운함은 저만치 밀어두고 그저 지금까지 살던 단독주택과는 다른 아파트란 곳, 한강과 관악산이 바라보인다는 사실에 조금은 즐거워서 뜬구름 속을 다니는 기분으로 들락날락 했던 것인데 이삿날이 다가올수록 어쩌면 내가 잘못 결정한 것은 아닌가 하는 불안감이 나를 따라다녔다. 그러나 집을 판 것은 아무런 하자가 없는 완전한 법률행위였으므로 이제는 돌이킬 수가 없었다.

5월 12일, 이삿짐을 실은 화물차가 출발을 서둘렀다. 나는 이것으로 제2의 고향인 신사동을 떠나는 것이다. 내 삶의 자취가 돌아가는 필름처럼 내 머릿속을 스쳐 지나갔다. 아이들 셋과 시어머니와 남편과 어려운 살림을 꾸리던 신사동, 시집살이 힘들다고 보따리를 싸들고 친정으로 갔다가 아이들이 보고 싶어 힘없는 발걸음으로 걸어 들어왔던 신사동, 남편이 진급을 하고 아이들이 대학을 가고 내가 조금씩 늙어가는 모습을 말없이 지켜보아 주던 신사동집, 돌아가시기 직전 시어머니께서 풀린 눈동자로 휘- 둘러보셨던 신사동집, 큰딸이 시집을 가고 아들이 장가를 가던 내 역사의 산 증인인 신사동집, 내 슬픈 추억이 서리서리 서린 신사동을 떠나 나는 낯선 곳에 다시 뿌리를 내리마고 떠나는 것이다. 이렇게 이사 가면 어쩌냐고 펄쩍 뛰던 다정한 이웃들을 놓아두고, 따라가겠노라던 가슴 따뜻한 사람들을 뒤에 남겨두고 새 술은 새 부대에 담는다는 듯 수택이 곱던 살림들을 반나마 더 버리고 기르던 개까지 이웃에게 주고 훌훌 떠나는 것이다.

그러나 솔직히 차가 마을을 벗어나자 나는 짐차를 돌려 신사동으로 되돌아가고 싶었다. 다시 돌아가 벚꽃, 목련과 라일락, 함박꽃과 황국, 백국과 난초가 아름다운 그곳에서 그것들이 비에 젖는 소리와 바람에 일렁이던 소리와 녹아내리던 눈소리가 꿈결 같던 집, 마당 가득 햇살을 들여놓고 땅에 묻은 김치를 만나(manna)처럼 먹던 그 집에서 다시 살고 싶었다. 앵두와 주홍감이 가지가 부러지게 열리고 바우(개)가 다정하게 꼬리를 흔들어주던 신사동집으로 돌아가고 싶었다. 그러나 내 마음을 알 리 없는, 이젠 주소住所조차 없는 짐차는 벌써 공덕동 로터리를 지나 마포로 접어들더니 언덕배기를 오르느라 숨을 헐떡이고 있었다.

그 뒤 이삿짐을 정리한다, 손자, 외손녀가 태어난다 하여 눈코 뜰 새 없이 지내다가 볼 일이 있어 마포역 근처를 갔다가 145번(지금 751번이리라) 버스를 보고 그 자리에 주저앉을 뻔 했다. 그 버스를 탄 사람들이 한없이 행복해보였다. 딸네를 갔다가 152번과 153번(702번) 버스를 보았을 때도 마찬가지였다. 아는 사람은 없는지 목을 빼고 버스 안을 훑어보려 했으나 무정한 버스는 떠난 사람이 미운지 야속하게 달려가 버렸다.

5월 21일, 내일이면 신사동집이 헐린다는 날이다. 그것을 잊기 위해 새집을 쓸고 닦고 하였으나 그 밤을 건밤으로 보냈다. 이런 내 마음을 아는지 2001년 5월 22일은 하루 종일 비가 내렸다.

벽제에 있는 주말농장에 갔다. 신사동이 그리운 나는 그곳의 흙을 맘껏 밟아대다가 이것저것 솎아서 바구니에 담고서 귀로에 신사동에 들리기로 했다.

헐리기를 바랐던 그 집보다도 먼저 울타리를 두르고 헐리고 있는 나의 신사동집—옛집의 비명이 내 가슴에 동통을 가져왔다. 내가 살던 옛집이 남아있다면, 단독주택에 내가 아직 살고 있다면 나는 얼마나 행복할까.

항인降人이 되어 성城을 나온 유현덕의 아들 유선—그는 위나라의 수도 낙양으로 옮겨져 평범한 생활을 하고 있었는데 불편한 것은 없느냐고 묻는 위나라의 신하에게 이렇게 말했다고 한다.

촉나라보다 이곳이 훨씬 아름답고 공기도 맑다고 예전 생각은 나지 않는다고.

그 광경을 말없이 바라보고 있는 남편에게 내가 말했다.

신사동보다 산천동이 훨씬 아름답고 공기도 맑다고, 한강도 보이고 산책할 수도 있어 이제 옛 생각은 나지 않을 거라고…….

(2001. ≪에세이문학≫)

손자이야기

자신의 핏줄을 받아 태어난 아들, 그리고 그 아들이 낳은 손자.

할아버지는 자기 발치의 방석 위에 눕혀져 있는 떡애기, 핏덩이 손자를 감격과 신비로움과 뿌듯한 시선으로 내려다보고 있었다. 거기에 화답이라도 하듯 이 땅으로 떨어지는 순간부터 오직 두려움만이 전부인 까만 눈동자의 새아기는 자신을 지긋이 내려다보는 할아버지를 검은 물이 뚝뚝 듣는 듯한 새까만 눈동자로 올려다보고 있었다. 아버지 앞에서, 아직은 멋쩍어서 자식이 태어났다는 내색을, 어쩌면 세상에서 가장 장한 일인지도 모를 그것을 드러내지 못하고 뒤통수를 긁적이고 있는 젊은 아버지보다 오히려 자신을 더욱 대견해하고 더욱 떠받쳐줄 것 같은 굳센 믿음이나 있는 것처럼.

손자가 태어나자 아들뿐만 아니라 우리 남편까지도 이 세상에서의 존재가치를 인정받은 듯 상기된 모습이었다. 내 눈에 비친

세 사람 사이에 오가는 교차시선, 그 사랑의 시선은 할아버지를 높이로, 아버지를 밑변으로, 손자를 대각선으로 하는 직각삼각형이었다. 그래서 이 세 사람을 화폭에 담는다면 큰나무와 그 가지, 그리고 밑둥치에서 새로 벋은 움이 자라기 시작하는 어린 묘목을 그려야 할 것 같았다.

새 애기, 우리손자는 이렇게 우리 집에 왔다. 어여쁨과 사랑스러움과 기쁨을 온몸에 듬뿍 담고서, 그 모든 것들을 어서 빨리 우리 집에 전해주려 우리 손자는 우주 먼먼 곳으로부터 쉬지 않고 달리고 달려 우리 집에를 찾아왔다. 그러므로 우리가 이 고마운 손님을 안아 올릴 때 공통적으로 쓰는 단어는. "아니, 이게 누구야, 어디서 이렇게 이쁜 것이 왔지"였다. 이것은 이 아기를 우리 집에 태어나도록 점지하여준 전능한 그 분에 대한 감사와 경의의 마음을 입으로 표현하는 것이기도 했다. 나도 그때마다 마음속에 속삭이곤 했다. 도대체 너는 누구이길래, 도대체 네가 누구이길래 내 삶속으로 들어왔느냐고. 또 그때마다 떠오르는 한 생각이 있었다. 그것은 만약 우리 시어머니께서 생존해 계신다면 이 증손자를 얼마나 사랑하셨을까 하는 것이었다. 덧붙여 시어머니께서 내 아이들을 사랑하셨던 그 큰마음을 할머니가 된 이제서야 조금이나마 알 것 같으니 사람이란 이다지도 어리석은 것인가 하는 것이었다.

그렇다. 그것은 아주 조금이었다. 내가 아는 것은 시어머니에 훨씬 못 미치는 것이다. 어떻게 그토록 처절하게 핏줄이라면 치를 떨던 그분의 뜨거운 마음을 따라갈 수 있으랴. 그 마음을 그때에 알았더라면 나는 훨씬 더 내 시어머니를 이해했을 것이다. 그런데 철없이 그런 시어머니를 귀중한 분으로 생각하지 않았으니 선친께서 즐겨 쓰시던 하우불이下愚不移란 말은 이런 경우에 해당되는 것이리라.

아기는 이런 내 마음을 아는지 모르는지 엄마 품에 안겨 젖을 빨고 있었다. 나는 이 아기에게 젖을 먹여 어르고 재우는 며느리가 한없이 부러웠다. 한때는 나도 저렇듯 내 아기에게 절대적인 존재였건만 지금은 그 경험들이 한낱 추억으로 변해버린 것이다. 그나마 늙은 여자에게 손자를 이뻐하는 마음이 있다는 것은 참으로 다행한 일이 아닐 수 없다.

이렇게 '나는 제3의 방관자인가' 하고 우울해 하고 있는 내게 다시 한 번 어미노릇을 할 기회가 왔다. 직장에 계속 다니게 된 며느리 대타노릇을 하게 된 것이다. 내 품에 안고서 우유를 먹일 때의 뿌듯함, 나는 다시금 젊은 시절로 돌아간 듯 마냥 행복했다. 더구나 손자는 어린 시절의 내 아들의 모습을 꼭 닮아서 나는 이전의 나로 돌아가 보는 그 행복감을 이 아기로 해서 또 가져보는 것이다. 그러나 한편으론 슬프기 그지없었다. 내게서 아기는 늙은 기를 받은 것이 뻔했기 때문이었다. 어미의 찬밥에는 기름이 져도 할미가 해주는 뜨거운 밥에는 기름이 돌지 않는다 잖는가? 그뿐인가, 모유를 못 먹고 우유를 먹는 아기가 가여웠다. 이렇듯 고운 아기를 떼어놓고 생활이라는 것을 위해 직장에 나가는 며느리의 뒷모습에서 나는 세상의 모질음을 날마다 절감하기도 했다. 이 아기가 혹시 나 때문에 정서적으로 불안하게 되는 것은 아닌가, 제

어미사랑을 덜 받아서 혹시 제대로 성장 못 하는 것은 아닌가 좌불안석을 못하는 내게 시집간 딸이 제 아기를 어르며 한마디 했다.

그 아이의 엄마는 내가 아니라 올케라고.

그 말은 분명 맞는 말이다. 그러나 할머니란 큰어머니라는 뜻이다. 그 어미가 느끼는 것 위에 아기가 느낄 불안까지, 슬픔까지 할머니는 마음에 담아야 하는 것이다. 고민하고 걱정해야 하는 것이다

어린 손자가 내 아들이 어려서 하던 배냇짓들—고개를 가누고, 옹알이하고, 엎치고, 기더니 걸으려고 애쓰고 있다. 자연의 순환, 그 오묘한 질서와 외경을 느끼게 해주는 우리 아기, 이쁜 우리손자는 진정 우주다.

나는 아기의 보들보들한 살거리의 감촉과 아기의 살냄새가 좋아 아기를 꼭 끌어안는다. 그런데도 하나의 불안은 언제나 뒤따른다. 혹시 제 어미가 온 뒤 그 품에 안기면 나를 잊을까 하는 것, 이게 할머니인가 보다.

새우깡 이대二代

삭삭삭삭

세상에서 제일 예쁜 외손녀, 8개월이 갓 넘은 외손녀 한나가 제 어미 품에서 새우깡을 먹고 있다 밥알 반 개 만큼 돋아난 아랫니 두 개로 새우깡 한 개를 쥐고 빨아먹고 있다.

내가 이 세상에 왔다간 흔적인 딸, 그 딸이 자식을 낳았다는 게 너무도 큰 축복이라서 생각할수록 몸이 떨린다. 닷새 사이에 나는 손자와 외손녀를 보았던 것이다.

한나가 태어나던 날, 딸이 진통하는 동안 밖에서 기다리면서 전전긍긍하고 있었다. 여자이기에 겪는 고통, 그것이 대견스러우면서도 가여웠던 것이다. 그러나, 어쩌랴, 한 번 죽는 것이 사람에게 정해진 것처럼 진통을 수반한 해산 역시 여자에게는 주어진 것을.

덧붙여 사위가 혹시 딸을 낳았다고 서운해 하는 건 아닌지 자꾸 눈여겨보게 되기도 하였다. 사돈댁에 대하여도 죄지은 것 같은 마음이 들고 딸의 팔자가 어미 팔자라는 옛말도 순간 떠오르기도 하였다. 한나를 처음 대하는 사위의 낯빛이 별로 기쁜 것 같지 않았던 모습도 나를 우울하게 하는 것 중의 하나였다. 그러나 처음 겪어보는 일, 어른 앞에서 내색을 할 수 없었노라는 말을 듣고서 그 우울은 곧 사라지게 되었다.

사위는 한나를 무척 귀애하였다. 그 큰 덩치에 아이를 안고 하루 종일이면 종일을 안아주는 것이었다. 일가를 이루고 처자를 거느린 가장으로서 어깨가 무거워졌다는 말을 해가면서 어린 자식을 어르는 것이었다.

딸이 한나의 왼손에 새우깡 하나를 또 쥐어준다.

외손녀도 먹는 새우깡, 그 새우깡과 내 딸은 동갑내기다. 71년 새우깡이 처음 나오던 해 큰딸도 태어났다. 나랑 남편이 살던 단칸 사글세방에서였다. 지붕 추녀 밑인 부엌에서 미역국을 먹으며, 연탄아궁이 위에 올려놓은 물솥 뚜껑에 일곱 개밖에 안 되는, 그나마 길지도 않은 소창기저귀를 말려대며 이 어린 딸이 자라서 이런 고통을 겪을 것을 생각하며 어린 젖어미는 하염없이 울었었다.

그러나 딸은 한나를 낳았을 때 별로 슬프지 않았다고 했다. 물론 딸이 나 같은 환경이 아니고 더욱이 그때처럼 끼니걱정을 하는 세상이 아니라서 그랬을지도 모른다. 그렇지만 어린 제 딸도 자라서 이러한 진통을 겪으며 자식을 낳으리라는 생각은 했으리라. 그러나 어차피 겪어야 할 여인의 운명이라고 가볍게 생각하기로 했다고 하였다. 대신 점점 난폭해지는 세상을 살아나갈 가엾은 어린 딸에게 어떻게 처신해야 하는지 그걸 가르치겠다고 하였다. 새우깡 세월 30년은 한국여인의 의식의 변화에도, 삶의 질에도 많은 변화를 몰고 온 것 같다.

그런데 정작 그 당시 나의 눈물은 다른 데에도 있었다.

그때는 모든 사람들이 어렵게들 살고 있었고, 우리 집도 예외는 아니었다. 남편의 월급을 시골에 계신 시어머니께 보내고 그 나머지로는 공부를 하는 남편의 학비에 보태야 했으므로 우리의 생활은 말이 아니었다. 쌀도 아끼고 김치도 아끼느라 나는 김칫국만 먹었다.

그나마 다행인 것은 젖이 흔해서 어린 딸은 무럭무럭 잘 자랐다. 그런데 새우깡 때문에 문제가 생겼다. 맨밥을 물에 말아 새우젓 하나씩 얹어서 먹이거나 김치를 물에 빨아서 이유식으로 먹던 아이가 새로 나온 새우깡을 먹고 있는 안집 아이를 보고 우는 바람에 나는 아이를 업고 밖으로 나가는 수밖에 없었다.

그러나 동네 구멍가게 앞에서 다시 그것을 본 아이는 찔통이 나온 듯 몸을 비틀어가며 울었다. 나도 울면서 아이가 울다 지쳐 잠이 들 때까지 온 동네를 수도 없이 돌고 돌다가 집으로 들어오곤 하였다. 쇠푼, 각전 100원이 없어서 그것을 사주지 못하는 어미의 마음으로.

한나가 이번에는 오른손에 쥐어진 새우깡을 빨아먹고 있다.

우리 한나가 자라서 시집갈 쯤에도 새우깡은 있을 것이다. 그런데 우리 한나가 자라서 아이, 특히 딸을 낳을 때는 어떤 생각을 할까? 나처럼 울까, 제 어미처럼 담담할까, 저만의 철학으로 웃을까?

그런 것들을 새우깡은 말없이 지켜볼 것이다. 그런데 언제나 젊은 새우깡과 달리 나날이 늙어가는 이 외할미와 외할아버지는 새우깡 2대인 한나가 시집가는 것을 볼 수 있으려나.

언제나 젊은 새우깡처럼 사람들도 늘 젊었으면 좋겠다. 새우깡과 함께 하는 사람들의 삶 속에 다시는 이런 슬픈 이야기는 없었으면 좋겠다는 것이 새우깡에 바라는 나의 마음이다.

핀(pin)

직장에 다닐 때였다. 그때만 해도 맞춤시대여서 양장점(명동 송옥 양장점)에 가서 옷을 맞추면 아무 아무 날 가봉假縫을 하러 오라고 했다. 설레는 마음을 가지고 정해준 날짜에 찾아가면 재봉사가 꼭 고슴도치같이 생긴 핀 쌈지를 손에 들고 대략 만든 옷을 내 몸에 입히고는 여기저기 핀을 꽂아가며 몸매에 맞는 모양새를 만들어 가는 것이었다. 핀을 가지고 능수능란하게 일하는 모습이 섬뜩하기도 했으나 나름으로 아름답다는 생각을 했다.

나도 핀이란 걸 쓰게 되었다. 붓글씨를 쓰려면 먼저 화선지를 정간지井間紙에 고정시켜야 하는데 이 과정에서 핀이 쓰이는 것이었다. 그렇게 빈틈없이 준비를 하여놓고도 눈앞의 하얀 종이를 대하면 여기에 무엇을, 그리고 어떻게 쓸 것인가 겁도 났지만 한 자 한 자 써내려가다 보면 하얀 종이 위를 메워나가는 작업이 여간 신기한 게 아니었다. 더구나 코끝에 스치는 묵향은 그윽하기 그지

없었다. 오십견五十肩으로 중간에 중단했기에 더 이상 맛볼 수 없던 행복이지만 핀을 뽑아낼 때의 뿌듯함은 서예가 봄샘 박정자 선생님과 함께 잊을 수 없는 추억이다.

알렝(Alain)*의 ≪행복론 · 인간론≫이라는 책이 있다. 거기 〈행복론〉 제1편에 명마名馬 부케팔로스에 대한 이야기가 나온다. 어린 아이가 심하게 울어서 달랠 수 없게 되면 유모는 아이의 성질이나 취미에 대하여 깊은 추리를 한다. 그러는 동안에도 아이가 울음을 그치지 않고 계속 울어대면 유모는 그 집안의 유전遺傳까지를 들먹이며 아이가 아버지를 닮았다고 말하는 것이다. 이렇게 심리학적으로 생각하다가 아무래도 이상하다고 생각한 유모가 아이의 몸을 살피게 되는데 거기서 아이의 몸에 박힌 핀을 발견하는 것이다. 아이를 울린 참된 원인은 바로 핀이었던 것이다.

알렉산더대왕이 젊었을 때 어떤 사람이 명마 부케팔루스를 진상했다. 그런데 이 말이 어찌나 사납던지 어떤 마술사도 조련사도 말을 다룰 수가 없었다. 이런 때 다른 사람 같으면 '아주 고약한 말이로군.' 하고 투덜거리며 다루기를 포기하였을 터인데 알렉산더대왕은 그 핀을 찾아내었다. 부케팔루스는 바로 자기 그림자를 보고 무서워서 날뛴 것이었다. 대왕이 태양을 향해 부케팔루스의 코를 치켜들고 부드럽게 진정시켰더니 그렇게 사납던 말이 무서움을 잊고 유순해졌다는 것이다.

무서워하는 사람은 그 무서움을 설명하기 위해 제멋대로 어떤 위험을 생각해낸다. 그런데 아무리 위험이 없는 경우라도 약간만 놀라면 무서워지는 법이다. 부근에서 갑자기 권총소리가 들렸다거나 생각지도 않은 사람이 서 있는 경우가 그러하다. 메세나장군**같은 이는 어두운 계단 위에 서 있는 입상立像을 보고 허겁지겁 달아났다 잖는가.

너무 오래 서 있었기 때문에 초조감이나 짜증이 생기는 수도 있는데 이럴 때는 그 사람에게 이런저런 충고를 들려주는 것보다는 의자를 내어주는 것이 바람직한 일이라는 것이다. 그것은 그 사람의 마음을 언짢게 하지 않으려는 마음, 즉 짜증의 원인이 되는 핀을 찾아내는 것이라고 했다.

지난 시절의 시집살이를 생각해본다. 시어머니의 성격은 참빗장수 같이 꼼꼼하시고 바짝 마른 나뭇잎같이 바삭해서 쉬 바스러지고 쉬 불붙는 그런 성격이셨다. 그래서 곧잘 언짢아하셨는데 그런 때 내가 그 앞에서 내가 잘못하였음을 진심으로 사과드리고 마음에 없더라도 마음을 지어먹고라도 어머니, 어머니, 하며 시어머니를 따르려 했더라면 모르긴 해도 나는 훨씬 수월한 시집살이를 했을 것이다. 임금이 편해야 신하가 편한 법이니 말이다. 그러지 않고 미련스럽게 한 마음, 참척***으로, 언젠가는 시어머니께서 곧은 내 마음을 알아주시겠지 하고 기다리다가 모든 게 끝나고 말았다. 시간도 나를 기다려주지 않았고 시어머니께서도 나를 기다려주시지 않으셨다. 물론 그 앞에서 말씀을 못 드린 것은 시어머니가 무서운 때문이기도 했다. 그래도 내가 좀 더 낮아지고, 좀 더 겸손하여서 유모처럼 유전 등을 들추어내지 말고 아이의 옷을 살펴서 핀을 찾아내듯 시어머니의 편치 않으셨던 마음을 풀어드리려고 부단한 노력을 했더라면 시어머니께서도, 나도 그렇게 힘들게 살지는 않았을 것이다.

알렝의 핀을 진작 읽었더라면 나는 그러지 아니하였을까? 아니다. 내가 비록 세상에 이런 글이 있다는 것을 알지는 못했어도 나는 생각을 많이 하지 않았느냐. 다만 그 생각들을 행동으로 이끌어가는 용기, 바로 알렉산더대왕과 같은 지혜의 핀이 내게 없었던 것이다.

시부모와의 관계에서도, 부부간에도, 부모 자식 간에도, 그리고 세상을 살아가는 데 있어서도 우리는 서로 간에 이런저런 충고를 늘어놓느니보다는 의자-즉 사랑의 핀을 내어주는 것이 바람직한 일일 것이다. 뽑아내면 일이 해결되는 핀, 뽑아낼 때 행복한 핀을 말이다.

* 알렝(1868~1951): 프랑스의 철학자. 평론가

** 메세나 장군(1758~1817): 프랑스의 용맹한 장군. 나폴레옹을 보좌하여 공을 세우고 승리의 여신의 총아라는 이름을 얻었다. 알렝, ≪행복론 · 인간론≫, 홍신문화사,1993

*** 참척: 1. 한 가지 일에만 정신을 골똘하게 씀, 2. 자손이 부모나 조부모보다 먼저 죽는 일.

이옥희* 선생님

만나야 할 사람은 만나게 되는가 보다. 용산으로 이사 가서 옛 집을 못 잊어 마음 앓던 시절에 이옥희 시인을 만났다. 목욕탕에 가는 중 용산문화원에서 시창작반을 모집한다는 공고문을 본 뒤였다. 수필을 써 오던 나는 한 번 가보리라 생각하고 곧 등록을 하였다. 선생님은 어떤 멋진 남성인 줄 아신 것 같았다. 내가 교실로 들어가자 자꾸 내 이름을 물으시는 것이었다. 실망하셨을까, 순간 생각했다.

그로부터 나의 시 수업이 시작되었다. 그러나 수필을 쓰기에 익숙해진 나는 시를 잘 쓰지 못했다. 타고난 문장이면 어떤 글이든 다 잘 썼을 터인데 나는 그렇지 않은 모양이었다. 그렇게 한동안 공부하다가 내가 대학교에 가는 바람에 선생님과의 공부는 잠시 중단되었다.

너도 나도 이름을 드러내기가 바쁜 세상에서 그렇게 오랜 세월

시를 써 오신 분인데도 스스로를 드러내지 않는 선생님이시다. 친언니처럼 내가 멋진 시인으로 태어나기를 가원하시는 분이시다.

군軍생활을 하셔서 강직하신 선생님, 혼자 학처럼 사시면서도 찬란한 시의 샘물을 길어 올리는 선생님이시다. 아름다운 선생님의 시 한 편을 여기에 싣는다.

바람의 여정·Ⅳ

가을이면 생각나는 사람
한사코 다가왔기에 버리고 싶던
가장 아름다운 만남으로 와서
가장 쓸쓸한 작별의 사람아

이 가을
내 뜨락의 햇살은 시들고
엷은 바람결에도 오소소 몸 떨며
불꽃인양 타오르던 푸르름의 내 산천
속절없음 알았나니

모두 어디에 숨었는가
어디로 떠나버렸는가
사랑하고 미워하며 방황하던
그 길목의 햇살이여

* 이옥희 선생님은 많은 시집을 내셨다. ≪들판을 서성이는 바람이어라≫, ≪햇살이 엉켜 흐르듯≫, ≪산비탈길 자갈길≫, ≪한낮의 어두움≫, ≪사람이 그리운 날은≫, ≪빈 햇살 속에서≫와 수필집 ≪내 안의 영원한 꽃밭≫이 있다.

제5장

숙명시대

만년필로 메꿔 가는 나의 꿈 노트

6월이 장미를 앞세워 한껏 자태를 뽐내는 싱그러운 오후다. 연못에는 붉은 반점의 잉어들이 거침없는 몸짓으로 물속을 유영하고 있고, 교정에는 향나무, 단풍나무, 진달래, 능소화, 자귀나무, 소나무, 목련이 어깨를 나란히 무릎을 나란히 다정하다. 교정에 앉아서 하늘을 보면 단풍잎들이 서로 손을 맞잡아서 하늘은 잎새들이 엮어 만든 면사포를 쓰고 한참 수줍다. 이제 한 시간 후면 나는 〈이야기국문학사〉 시험지에 답안을 써 내려가고 있을 것이다. 그러나 지금은 여유만만, 나무들과 대화를 나누고 있는 것이다. '너희들 밤새 많이 자랐구나' 하고 내가 물으면 '늦은 나이에 공부하기 힘들지 않느냐'고 잎새를 흔들어 바람을 불러다주면서 그들이 되묻는다. 나는 시원함을 느끼면서 아니라고, 행복하다고, 너희들을 날마다 만나는 것도, 공부하는 것도 행복하다고 말한다. 그렇다. 나는 아주 행복하다. 그러나 한편 생각하면 원망이 아주

없는 것은 아니다. 그 많던, 그 빛나던 시절을 다 보내고 이제서 공부할 수 있게 된 것에 대해 어찌 불만이 없을 수 있겠는가. 그러나 나는 불만을 삼키고 존 밀턴을 떠올린다. ≪실락원失樂園 Paradiseost≫을 쓴 존 밀턴, 오십도 안 된 나이에 실명失明하게 되었던 그를. 문인으로서 눈이 안 보인다는 것은 얼마나 불행한 일인가? 그러나 그는 원망하지 않았다. 도리어 순종하겠다는 내용의 시－실명失明의 노래를 하나님께 헌정했다. 또 한 사람이 있다. '교육은 언제부터 시작해야 하느냐'는 사람들의 질문에 대해서 '외할머니에서부터 시작하라고 말했다'는 나폴레옹이다. 나는 외할머니다. 그러므로 나는 어린 것들의 본보기로서 지금 공부해야 하는 것이다. 나이란 숫자에 불과하다는 말에 나의 확신을 실으며 믿으며 내가 공부를 할 때마다 접혀져 있던 꿈들이 펼쳐지면서 동그란 눈으로 나를 바라본다. 나는 그들의 눈빛을 읽는다. 그 나이에 무슨 공부냐는 주위의 곱지 않은 시선과 나 자신의 좌절도 섞여있다. 사실 쉰여섯 살에 스무 살 펄펄 뛰는 젊은이들 틈에서 공부하는 것은 정말 쉬운 일이 아니다. 건강도 문제이고, 굳어진 기억력도, computer 실기도 다 힘들다. 넘어야 할 장애가 너무 많다는 걱정 어린 시선을 내게 보내고 있는 것도 나는 안다. 그러나 나는 즐겁게 그 길을 갈 것이다. 아직 내가 살아있다는 것에 의미를 두고, 더 늦기 전에 공부를 할 수 있다는 것에 기쁨을 둘 것이다. 좌절과 편견은 넘으면 되는 것이다, 그리고 또 하나의 길동무가 있다. 스무 세 해 동안의 시집살이를 끝냈을 때 가슴 속으로부터 용암처럼 분출되던 나의 사상들을, 100% 후회의 사상들을, 눈물의 사상들을 십여 년째 기록해 주다가 이제는 설레는 생활을 기록하려고 내 손에 쥐어져 있는 만년필이 그것이다. 글 쓰는 이라면 트렌치코트와 만년필 한 자루 정도는 있어야 한다고 큰딸이 첫 월급으로 마련해 준 것이다. 내 나이 속에 큰딸의 나이가 들어 있듯이 내 글 속에도 딸의 고운 마음이 들어있다. 또한 내 뒷바라지를 위해 다시 일을 하는 남편, 내 숙제를 위해서 가정교사 노릇을 하는 아들과 작은딸의 격려도 때로 내 가슴으로 감동의 파도로 휘몰아치는 에너지이다. 두 사위와 며느리의 격려도 나를 희망이라는 돛단배에 올려놓아 준다. 순간, 나뭇잎새 하나 뱅그르르 떨어진다. 초록의 잎새 속에도 낙엽은 이미 존재하고 있던 것이다. 그렇다면 나무들이 나를 보고 안쓰런 얼굴은 하지 않아도 좋을 거라는 생각을 하면서, 오히려 나무들이 가엾다는 생각을 하면서, 내 뒷모습을 보아주는 나무들이 있어 행복하다고 생각하면서 나는 교실로 향한다. 나의 꿈이 출렁거리는 그 곳으로, 거기에 섭슬릴 행복한 내 모습을 상상하면서.

(2004년 (주)황소의 '만년필로 쓰고 싶은 이야기' 수상작)

성낙희 교수님을 추억하며

면접 때 뵈었던 성낙희 교수님은 내 삶에서 잊을 수 없는 분 중의 한 분이시다. 한 학기가 끝나면 나는 꼭 성 교수님께 성적과 무사히 마쳤음을 보고 드리곤 했다. 교수님께서 내게 주신 말씀이 하도 아름다워 무례하게도 여기에 옮겨 적는다.

> 오랜만입니다. 올해도 그처럼 열심히 최선을 다하셨다니 참으로 장합니다. 우리 선생들이 그대의 지적 갈등을 해갈하는 데 얼마나 도움이 되고 있는지 모르겠으나 교직의 보람이 '사람의 발견'에 있다 할진대 감사할 사람은 이기호씨가 아니라 오히려 우리 선생들이 아닐까 합니다.
>
> 삶의 물굽이 속에 부침하는 여러 인연들을 새삼스럽게 다시 헤아려보게 되는 즈음입니다. 새해에도 건강 중에, 부디 아름다운 성취 있으시기를 기원합니다.

2006. 12.31

내 책꽂이에 꽂혀있는 아름다운 시집 ≪먼길≫, ≪향수≫의 시인이시기도 하고 ≪최치원시정신 연구≫, ≪동양고전의 이해≫, ≪고전시가의 이해≫, ≪논어의 혼≫ 등의 국문학 저서를 집필하신 교수님이시다. 교수님께 시를 배웠으나 아직 걷기는커녕 발걸음도 떼지 못해 교수님께 부끄럽기 그지없다. 이제부터 다시 시작하여 교수님의 나를 향한 긍휼에 보답하고 싶다. 나는 학교에 들어간 게 아니라 스승을 찾아간 것이니 참으로 행복한 사람이다.

특히 졸업을 축하해주시며 하사하신 책 ≪논어의 혼, 오랜 잠에서 깨어날 것인가≫는 참으로 가슴 벅찬 선물이다. 내 안의 잠 든 혼 깨어나도록, 내 안의 잠든 내 본질이 깨어나도록. 선생님처럼 단아하고 정갈하고 그윽하게 고우신 선생님의 체취 오래도록 느끼도록 더불어 선생님의 노고에 보답하기 위해 열심히 읽을 것이다.

숙대 문인들의 모임인 〈숙문회〉에 가입하도록 마음 써주신 선생님은 음성도 잔잔한 물결 같으시다. 진정 성낙희교수님은 내게 영원한 참스승님이시다.

토니오 크뢰거에게

— 권성우 교수님의 〈현대소설강독〉 중
토마스 만의 ≪토니오 크뢰거≫를 읽고

토니오씨에게

내가 당신을 연상할 때면 떠오르는 것이 있습니다. 바로 당신의 아버지였던 영사領事 토니오 크뢰거 가문家門의 문장紋章이 붙어있는 오래된 땅딸막한 합각지붕* 밑의 대문과 집 골목을 연상하곤 하였지요. 늘 같이 있고만 싶었던 아름다운 소년 한스와 헤어져서 집으로 돌아오던 길, 당신은 한스에 대한 동경과 질투 그러나 순결하고 살아있는 심장을 가진 건강한 소년으로서의 자부심을 가지고 행복한 당신의 집으로 돌아오곤 하였지요. 땋은 머리와 어깨가 아름다운 잉에 홀름을 그리워하면서 말이에요. 당신은 유리창 너머로 그녀의 향기를 맡으면서 그녀를 바라보곤 했습니다. '사랑한다'는 말을 차마 입 밖에 내지는 못했지만 그 사랑이 이루어지기를 소망하면서 잠들곤 했지요. 당신의 그 고풍스런 집에는 멀리 보이는 바다와 바람을 맞아 솰솰거리고 우드득거리는 호두나무와 당신의 어머니—남국의 열정과 미모를 가진 어머니도 함께 살고 있었지요.

토니오 크뢰거씨,

그러나 당신에게 곧 슬픔이 찾아왔습니다. '단춧구멍에 들꽃을 꽂고 세심하게 옷을 입는 명상적이고 키가 큰' 당신의 부친이 세상을 떠나셨던 겁니다. 곧 그 고풍스럽던 집도 팔리고 정열적인 남국태생이셨던 어머니는 남편을 잃고 흘린 눈물도 다 마르기 전에 다른 남자를 따라 떠나가 버렸지요. 그때 홀로 남았어도 꿋꿋이 삶을 이어온 당신께 박수를 보냅니다. 혹시 당신의 따뜻한 가슴 속에는 어린 날 추억 속 당신의 가슴길에 자리 잡았던 사랑하는 잉에가 있었기에 쉽게 그런 길에서 돌아올 수 있었던 것은 아니었는지요.

그 뒤로 당신은 방탕의 길로 빠졌지요. 그러나 나는 당신을 나무라지 않습니다. 당신은 너무도 솔직하게 당신의 삶을 영위했기 때문입니다. 그래도 당신의 영혼은 살아 있었습니다. 합각지붕 안에 살던 호두나무와 분수와 바다에 부치는 당신의 시는 살아서 당신에게 작가로서의 명망을 안겨주었습니다.

크뢰거씨,

마음이 여렸던 그러나 어쩌면 세상 누구보다도 강하였던 크뢰거씨, 당신은 어린 나이에도 고독을 느꼈습니다. 왜냐하면 '명상적이고, 철저하고 정확한 성품의 아버지와 아름답고, 관능적이고, 정열적이고 충분히 방종스러운 어머니, 그 두 사람 사이에서 태어난 당신은 분명히 가능성과 위험성을 내포한 예술의 세계 속에서

길을 잃은 천재적 시민'이었기 때문입니다. 당신은 가슴 속에서 용솟음치는 창조에의 욕구와 싸우고 있었던 거지요. 그렇기 때문에 그렇지 않은 사람을 생각하면서 고통스러워했습니다. 그것을 당신에게서 갈파해 낸 리자베타는 참으로 현명한 여인입니다.

크뢰거씨,

당신은 '사물을 바라보는 것만으로도 죽고 싶을 정도로 구역질 나는–그러면서도 그런 것들과는 화해할 기분은 나지 않는 그런 기분'을 느끼는 분이었습니다. 이것은 달리 말하면 당신도 말했듯이 당신의 가슴 속에는 저 덴마크인–햄릿이 살고 있었던 것입니다. 감정의 베일이 눈물에 젖었는데도 그것을 꿰뚫고 인식해야 하는 운명, 당신은 이것을 비열하고 파렴치한 것이라고 말했습니다. 당신 스스로를 햄릿이라고 생각하며 오필리어를 거부했던 것은 아니었는지요? 어머니의 개가, 아버지에 대한 그리움이 분노가 되어 당신의 가슴을 아프게 두드리지 않았는가 말입니다. '앎에의 천분을 타고 나지 못했으면서 알아야 할 사명을 지니게 되었다는 것이 무엇을 의미하는지 햄릿은 알고 있었다.'는 당신의 형안炯眼 앞에서 저는 몸을 떨어야 했습니다.

크뢰거씨,

리자베타 이바노브나라는 이름에서 나는 옛날에 읽은 도스토예프스키 작품 속의 어떤 여인을 떠올리기도 했습니다. 그녀가 당신의 연인이라니 반가워 다시 한 번 입 속으로 되뇌어 봅니다. 그 뒤 당신은 가슴 속에서 용솟음치는 그리움을 찾아 길을 떠났지요. 당신은 '지난 13년 동안 비탈진 골목길에 있는, 소리가 찌렁찌렁하게 울리는 고택에 돌아와 있는 꿈'을 꾸곤 하였습니다. 열 살 미만에 보았던 세상이 작가로 만들어준다는 말이 있듯이 그것은 당신의 창조의 원천이었지요. 그래서 리자베타가 '당신은 시민'이라는 말을 하였을 때 가슴 깊이 간직한 비밀이라도 들킨 것처럼 부랴부랴 그녀의 앞을 떠나 고향을 찾아갔던 것입니다. 거기서 당신은 정말로 시민이 되어보기도 하였습니다. 경찰에게 심문도 당해 보았잖습니까? 그러다가 가슴 속의 정열이 지시하는 대로 당신은 넓은 바다를 찾아 길을 떠났습니다. 그건 어떤 알 수 없는 그리움이 시킨 일이 아니었을까요? 당신은 처음 잉에를 보려고 했을 때도 창문을 통해서 몰래 훔쳐보곤 했었지요. 그런데 헬싱키 바닷가에 와서도 똑같은 경로로 그녀를 만나야 했다는 것이 마치 운명의 장난과도 같았습니다.

크뢰거씨,

문학이란 소명이 아니라 일종의 저주라고 말하셨지요. 저도 어렴풋이나마 그 의미를 알 것 같습니다. 글 쓰는 사람들은 그런 생각을 하기 마련이기 때문입니다. '왜 나는 글의 생산자가 되어 이렇게 가슴을 앓아야 하나' 하는 그런 고민 말입니다. 단순한 소비자가 되어도 능히 행복한 세상을 살 수 있는데도, 아무런 보상이 주어지지 않는 데도 그것을 표현하기 위해 고뇌로 온 밤을 지새워야 하는 그런 아픔을 느껴보았기 때문입니다.

크뢰거씨,

당신은 "설령 내가 아홉 개의 교향곡과 〈의지와 표상으로서의 세계〉와 최후의 심판을 순전히 혼자서 이룩해내었다손 치더라도 너는 영원히 비웃을 권리가 있다"고 하셨습니다. 그렇습니다. 그들의 언어와 당신의 언어는 다릅니다. 그러므로 그럴 수 있습니다. 잉에는 당신을 비웃을 권리가 있습니다. 예술가, 그들의 광기와 고뇌와 창조의 고통을 모르는 한스와 잉에는 당신을 비웃을 시민적인 권리와 자격이 있습니다.

크뢰거씨,

당신은 '이웃을 사랑하는' 그 큰 사랑이 한 문사文士를 진정한 시인으로 만들 수 있는 것이라고 말하였네요. 아직 형질이 이루어지지 않은 것들에게 이름을 주려하는 것이겠지요. '가슴 속 사랑은 잉에와 한스 같은 밝고 행복한 평범한 사람에게 바쳐진다'는 당신의 다짐 앞에서 다시 한 번 머리를 숙입니다. 내가 당신이라는 남자에게 이렇게 편지 쓰는 것도 내 인생의 역정歷程에 미리 정해져 있었던 것이었을까 하고 생각하면 우습기도 합니다. 그러나 참으로 뜻 깊은 만남이었습니다. 번역자가 쓴 '꽤 까다롭다'는 말은 저에게 한없는 향수 ―고향 광천에 대한―를 불러일으키기도 하였답니다. 그리고 "자신의 목숨을 그 대가로 지불하지 않고서 예술이란 월계수에서 한 잎, 단 하나의 이파리쯤은 따도 되겠다고 생각한 오류"란 말이 제 가슴을 아프게 찌르는 군요. 당신에게 많이 감사해야 할 것 같습니다. 행운이 함께 하시기를 기원합니다.

〈현대소설강독〉, 〈문학비평론〉을 내게 가르치신 권성우 교수님께서는 늦은 나이에 공부하는 나를 무척 배려해주셨다. 내가 감사의 메일을 띄우면 늘 가슴 뭉클하게 하는 메일을 보내주시곤 하셨다.

맨 앞자리에 앉아서 너무나 열정적으로 공부해서 내가 수업시간의 분위기까지 바꾸게 되었다고, 학문의 길에 나이란 장애가 아니라고, 그 열정 앞으로도 오래 이어나가라고 하시던 아름다운 격려의 말씀을…… 나는 잊을 수 없다.

핸섬하시고 열정이 넘치시는 권성우 교수님, 우리나라 비평계의 큰 나무이신 권성우교수님께서는 ≪논쟁과 상처≫, ≪비평의 매혹≫, ≪비평의 희망≫, ≪비평과 권력≫, ≪모더니티와 타자의 현상학≫, ≪문학이란 무엇인가≫ 등의 저서를 집필하신 분이다. 교수님께 직접 여쭐 수 없어 internet을 검색하다가 놀라고 말았다. 몇 권은 알고 있었지만 이렇게 많은 저술을 가지고 계신 줄이야 열심히 읽어볼 것이다.

이 중에서 ≪논쟁과 상처≫는 2006. 9. 8, 제일 먼저 〈현대소설강독〉 SM-community에 글을 올린 상으로 교수님으로부터 직접 하사받은 책이다. 숙대에서의 빛나는 추억의 증표 중 하나이다.

■ 참고문헌: 안삼환 역 ≪토니오 크뢰거 · 트리스탄≫, 민음사, 1998

* 팔작지붕은 지붕면이 우진각과 같이 사면四面에 있으나 측면에 삼각형의 합각闔閣이 생겨 우진각과 맞배를 합쳐 놓은 듯한 아름다운 형식이다.

화장실에서

두 시간짜리 수업이든 한 시간짜리 수업이든 수업에 앞서 가장 걱정되는 건 화장실 다녀오기다. 그래서 시간이 허락하는 대로 화장실에 간다.

여자대학교의 화장실인지라 생리 혈흔의 흔적이 곳곳에 보인다. 젊음의 상징인 그것이 불결하지 않고 아름답게만 보였다. 솔직히 그 싱싱한 젊음이, 그 상징이 육십을 바라보는 여인에게 참으로 부러운 일이었다. 갱년기라는 말도 이미 어울리지 않을 나이 — 그러나 좌절하지 않았다. 미국에서는 폐경기를 'The change of life'라고 한다니 인생의 반환점, 새로운 변화를 시도할 수 있는 시기로 생각하면 되는 것이다.

우울을 추스르고 거울 앞에 선다. 나이든 학생으로서 교수 앞에 서기 위해서는 최소한의 예의는 갖추어야 한다. 그때 거울 속으로 젊고, 늘씬하고, 아름다운 학생의 얼굴이 내 얼굴 위로 over-lap 되었다. 늙은 죄가 있어 슬그머니 몸을 빼었다. 이제 내가 물러나야 할 시간이 다가온 것이다.

'지금 어드메쯤 아침을 몰고 오는 어린 분이 계시옵니다. 그 분을 위하여 묵은 의자를 비워드리겠어요 먼 옛날 어느 분이 내게 물려주듯이'

라는 조병화 시인의 〈의자〉라는 시처럼 나도 저 슬픈 거울로부터 윤동주시인의 시 〈자화상〉처럼 '녹슨 청동거울에 뒷모습을 남기고 돌아서야 하는' 것이다.

새내기대학생은 외할머니

2003년 9월이었다. 수시모집 합격이 끝난 뒤 영어와 컴퓨터수업이 진행되었다. 정말 오랜만에 받아보는 영어수업이었다. 무척 걱정되었으나 간절하면 통한다는 마음으로 임했다. 공부든 글을 쓰는 것이든 다 마음으로 하는 것이다. 그리하여 외국인의 speaking도 그런대로 알아들을 수 있어 어린 아이처럼 즐거웠다. 그렇지만 발음이 안 좋아서 무척 애를 먹었다. 선생님께서 교정해주시면 따라 해보면서도 얼마나 부끄럽던지, 하긴 우리 딸도 내 발음은 콩그리쉬라고 했다.

추석을 앞둔 때였다. 선생님께서 추석에 휴강이니 추석 지나고 나서 'make-up class'를 가질 것이라고 하셨다. make-up만 생각하며 나는 웬 make-up하며 순간 고개를 갸우뚱했다. class가 뒤에 있었음을 기억하고 혼자 웃었다. 보충수업이었다.

그 뒤 10월 8일, 수업 시간 중에 핸드폰이 울렸다. 진동으로 해

놓았어도 자꾸 울려 무언가를 직감했다. 선생님(다행히 선생님은 한국인 Vichy Jung)께 목례로 인사를 하고 말없이 밖으로 나가서 전화를 받았다. 아니나 다를까, 막내딸이 진통 중이라고 했다. 나는 대학교 04학번 신입생이라기보다는 친정어머니, 큰딸의 외손녀, 외손자에 이은 두 번째 외손녀의 외할머니였다.

슬픈 도서관

도서관은 나를 기다려주지 않았다. '나무가 고요히 있고자 하나 바람이 그치지 않고 아들이 모시려 하나 어버이가 계시지 않는다[樹欲靜而風不止 子欲養而親不待]'가 아니라 책이 나를 기다려주지 않았다. 발 빠른 학생들이 어느 틈에 빌려가 버려 내 차례까지 오지 않았던 것이다. 필요한 책이 서점에도 없고 도서관에 딱 한 권 있을 때 나는 그 자리에서 그 책을 복사하고 다른 학생의 공부를 위해서 곧바로 반환하곤 했다. 그러나 학생들이 빌려간 책은 기한이 되거나 넘어서야 반환되는 일이 많았다. 그 덕분에 우리 집 책장의 책은 날마다 늘어났다. 공부 못하는 사람이 책만 산다는 지청구(꾸지람. 까닭 없이 남을 탓하고 원망함)를 남편으로부터 날마다 들었다. 졸업하고 나니 내 재산이 많아져 뿌듯하기 그지없다. 내 손자와 손녀를 위해 참으로 잘한 일이라 생각한다. 학생들에게 고마워해야 할 판이다.

도서관 앞에는 흰줄무늬사사라는 꽃이 늦도록 피어있었다

도서관에 갈 때마다 푸른 잎에 흰 줄이 나 있는, 늙은 나를 닮은 그 꽃에 자꾸 눈이 갔다.

흰줄무늬사사

1

이젠 자야지 해도
부풀 일도 없는 이순의 가슴 부풀어
쉬 잠들지 못하는 마음
늦게 배우게 된 사연은 꺼낼 것도 없이
배운다는 건 무엇인지
임용고시를 보고 유학가고 취업하고 진학하는
어린 학생들 웃으며 바라보며
이 나이에 공부하기란
물살 거슬러 올라가는 고통의 연어
눈보라 뒷산 다락바위에 쌓이는 날
하얗게 겨울잠 든 늙은 고로쇠나무에서
수액을 뽑아내는 황홀한 슬픔이다

2

나는 소나무 밑에 군락으로 심으면 보기 좋다는 흰줄무늬사사
늙지도 젊지도 않은 키 작은 나무다
화장실 혈흔조차 부러운 쉰아홉 살 늙은 여자가 여자대학교에

다닌다 배우고 싶다고, 몸 아플 새도 없이 무거운 배낭을 짊어지고 오르랑 내리랑 등하교길 그러나 씁쓸하다

수강신청한 과목이 인원부족으로 취소되고 다시 정정한 수업으로 점심도 못 먹고 돌아오는 날 베란다 앞 아카시 홀로 내 손을 잡아준다 쉬엄쉬엄하라고 자꾸 그 말만 하는, 졸업만 하면 되는 거라고 자꾸 그 말만 하는 남편처럼

살림 틈틈이 리포트를 쓰고 노트를 정리하고 한꺼번에는 할 수 없어 날마다 조금씩 뻑뻑해진 눈에 안약을 넣어가며 시험을 치르고 드디어 성적이 발표되는 날

숱하게 단두리했건만 물기 말라가는 눈에서 무언가 흘러내린다 내 눈 아직 젊구나 비는 밖에 내리는데

잘못이었던 걸까 이 길, 소나무 밑이 아닌 여기, 혼자서 잘못 온 걸까 올진 추수를 못한 농부처럼 나는 하염없이 되묻는다 한 달에 다 써야하는 백내장 약을 반도 못 써서 그런 거라고 모과의 향기에 행복해하며 충만하게 빈 곳을 다시 비운다

내 나무에 뜨거운 걸 맺을 거라고 새우처럼 몸을 둥글게 말고 조금씩 햇살을 향해 발을 내딛는다.

여대생의 시간표를 줄줄이 꿰는 남자

인트라넷을 열어 성적을 조회하는 날이다. 일찌감치 성적을 알고 싶어 교수님들에 대한 수업평가 역시 일찌감치 끝마쳤다. 그러나 막상 인트라넷을 열려니 마구 떨렸다. 손가락까지 떨렸다. 이건 나이 탓이 아니었다. 내가 한 학기 동안 공부했던 것에 대한 평가라 더욱 두려웠던 것이다.

뿌린 만큼 거두게 되어 있는 학점이건만 허황되게 높은 학점을 기대해 보기도 하였다. 그러나 열심히 하지도 않고 높은 학점을 바란다는 건 도둑놈 심보, 그리고 혹시나는 늘 역시나로 끝났다. 그렇지만 나는 내 최선을 다했으므로 행복했다. 교수님들께서 나의 노력을 최대한으로 평가해주셨다고 생각했다. 수강 신청하는 방법을 제대로 숙지하지 못해 1학년이면서 다군, 나군 가리지 못하고 수강한 잘못은 있었어도 말이다. 하여간에 똥, 오줌 가리지 못한다는 것, 그것은 확실히 문제다.

MT－우리 집은 MT와는 인연이 없다. 아니 절대로 갈 수 없는 게 이 M.T다. 우리 큰딸도, 작은딸도 가는 꿈을 꾸어보지 못했다. 아들은 그래도 갔던 모양이다. 그러니까 거기서 지금의 며느리도 만났다. 그걸 보면 전연 나쁜 게 아닌데 우리 남편은 무조건 금지시킨다. 한 번은 내가 간다고 했더니 공부 그만하고 싶으냐고 협박했다. 그건 아니라고 말하고 그 후로는 MT의 M자도 꺼내지 않았다. 여대생의 시간표를 줄줄이 꿰는 남자 앞에서는…….

나는 1학기만 되면 슬퍼지곤 했다. 시집살이할 때도 우리 아래채에 사람들이 새로 이사 오는 게 싫었다. 새로 온 사람들에게 내가 시집살이하는 모습을 보여주고 싶지 않았다. 학교에서도 그랬다. 지난 학기에 한 번 나를 본 학생들은 '우리 학교에는 늙은 학생이 하나 있다'고 이미 인식을 끝낸 상태인데 난데없이 새학기가 시작되어 나를 모르는 학생들이 들어오면 이미 학생들이 알고 있는 인식 －늙은 학생의 존재－은 그들에게만 통용될 뿐 새내기들은 알 수 없다는 식의, 따끈따끈하지 않은 정보가 되어 내가 교실에 들어가면 새내기들의 눈이 휘둥그레지는 것이다. 늙은 여자가 앞자리에 앉아 책과 노트를 꺼내놓고 수업준비를 하고 있으니 놀랄 수밖에. 이 나이에 교수가 아니고 학생 노릇하는 내 심정은, 아닌 척 앉아있는 내 가슴도 그리 좋지만은 않다오, 라고 얼마나 나는 말하고 싶었나.

그래서 새내기도 나의 존재를 다 감지한 2학기가 오기를 나는 고대했다. 그러나 그건 착각이었다. 2학기에 1학기와 똑같은 과목만 있으라는 법은 헌법 어느 조항에도 없었다. 과목마다 수강하는 학생도 늘 달랐다. 한 번 해병은 영원한 해병이듯이 한 번 늙은 학생은 영원히 늙은 학생, 과목마다 새로운 늙은 학생이었다.

이제 내가 졸업을 하였으니 나로 인해 혼란스러웠던 교정이 차분해져서 학생들도 엉뚱한데 신경을 쓰지 않고, 홀가분하게, 더욱 공부에 전념할 수 있을 것이다.

숙대 의무실

처음 학교에 들어갔을 때 나는 규칙적인 학교생활에 잘 적응하지 못했다. 시험보다도 숙제 때문에 힘들었다. 리포트를 어떻게 쓰는지 몰라 수필을 써 가지고 간 적도 있었다. 비극은 홀로 오지 않았다. 그것을 발표하고 나서 교수님께 발표문을 제출했더니 인터넷을 그대로 베꼈다는 지적을 받았다. 솔직히 그때까지만 해도 나는 인터넷에 그런 자료들이 있는지를 몰랐다.

늦게 배운 도둑질에 날 새는 줄 모른다. 그런 것이 인터넷에 있는 걸 알게 된 나는 그것들을 긁어다가 인쇄해대기 바빴다. 물론 그것들을 내 리포트에 그대로 이용하지는 않았지만(나이 든 학생은 그런 짓을 할 수가 없는 것이다) 그러느라고 A4 용지하고 잉크를 얼마나 썼는지 1, 2학년 때는 그 비용으로 엄청난 돈이 지출되었다. 3학년이 지나면서부터는 그것의 효용을 느끼지 않게 되어 비용이 절감되었는데 대신 지금은 손자, 외손녀와 외손자가 와서 그 비싼 종이

들을 써댄다. '할머니, 써도 되요?' 하고 묻는데, 눈에 넣어도 아프지 않을 고것들이 쓰겠다는데 거절할 할미가 어디 있겠느냐. 졸업도 해서 쓸 일도 줄었으니 웃으면서 허락하지만 그래도 비싼 그 종이낭비는 아깝다.

그럭저럭 1학년 1학기를 보냈는데 2학기가 되자 마음이 다시 조급해졌다. 집안 행사는 다달이 들어 있는데 리포트와 발표할 일들은 시간 시간이니 그야말로 산 넘어 산이었다. 〈발표와 토론〉 수업과제를 위해 학생들은 학교에서 밤 12시까지 있기도 하였다. 같은 학생이면서도 늦도록 함께 할 수 없는 학생, 나는 가정주부였다. 그것도 집안의 어른인 시어머니였다. 자기들이 남아서 발표문을 정리하고 녹음을 하고 사진을 찍고 하겠으니 나보고 집으로 들어가시라고 했던 어여쁜 학생들, 숙대에는 그렇게 다른 사람을 배려해주는 마음이 깊고 착하고 어여쁜 학생들이 많았다.

그러나 그것으로 끝나는 건 아니었다. 집안일과 한 과목당 서너 개의 숙제를 감당할 수 없게 되자 쓰러지는 일이 생기기 시작했다. 처음에는 학교 의무실에 가서 쉬곤 하였다. 내가 들어가면 어느새 알았는지 우리 학교 최고령학생이라고 하면서 편히 쉬도록 배려를 해주었다. 그 곳에서 한 두 시간 정양을 하고 나오면 좀 견딜만했다. 어느 날이었다. 수업 시간 중에 구토증세가 일었다. 수건으로 입을 막고 자리에서 일어나 화장실로 갔다. 혼자 구토를 하며 극심한 고통에 시달렸다. 집에서 이런 일이 있었다면 큰딸이나 작은딸이나 며느리가 와서 약을 사오네, 병원에 모시고 가네 야단이 날 터인데 여기는 학교, 그것도 나이 든 학생이니 어린 학생들과의 사이는 가까울 수가 없다. 어느새 나는 어른대접을 받는 것에 익숙해 있음을 알고 허탈해했다. 내가 학교생활하면서 가장 힘들었던 것이 바로 어른대접에서 벗어나는 것이었다. 나는 그런 의식을 없애고 학생들과 동등하기 위해 노력했다. 도서관에서 내 앞의 눈 밝은 학생이 내가 찾는 책을 집어갈 때 나는 말없이 돌아섰고, 엘리베이터가 만원滿員이어서 그냥 올라갈 때 그들의 중인환시衆人環視 속에 서 있는 멋쩍음을 뒤로 나는 층계로 해서 교실로 들어가기도 했다.

그러나 어린 학생들은 내가 아픈지 어떤지 알 수가 없는 것이다. 지하 식당 휴게실에서 아픈 머리를 식히느라 엎드려 있다가 잠이 들어 지각을 한 적이 있었다. 마침 우리나라 판소리 연구의 권위자이신 정병헌 교수님 수업시간이었는데 내 이야기를 하고 계셨던 듯 했다. 호랑이도 제 말 하면 온다는 그런 분위기가 감지되었다. 내가 들어가자 학생들이 막 웃는 것이었다. 아, 그때의 쑥스러움과 나이 듦의 비애여.

나의 건강은 호전되지 않았다. 드디어 가족회의가 열렸다. 이쯤에서 나의 공부를 중단해야 한다는 결론이 나왔다. 대학교가 어떤 곳인지 맛을 보았으니 그만 해도 된다는 것이었다. 완강하게 버티는 내게 잘못하면 큰일이 날수도 있다는 의사선생님의 말씀을 들이대었다. 온갖 약을 다 먹었다. 그리고 식구들 앞에서 아픈 표시를 내지 않으려고 악을 쓰며 노력했다. 중도에서 그만두고 싶지는 않았다. 따라갈 수가 없으니 그만 두었을 것이란 말은 더 듣기 싫었다.

그 뒤로도 나는 의무실의 단골이었다. 그러나 좋은 소리도 한두 번이고 좋은 노래도 한두 번이다. 노상 늙은이 대접받는 것이 부담스러웠다. 어떻게든 이겨내려고 이를 악물고 참았다. 4학년이 되고 나서는 한 번도 그 곳 정양실에 가서 휴식을 취한 일이 없었다. 몸도 상황에 맞게 마음을 따라주는 것이다. 마음은 내 몸의 주인이다. 나는 몸에게 말했다. 어서 일어나서 달고, 맛있고, 행복한 공부를 하자고, 서로 동행해서 즐겁게 win-win을 하자고.

내게 최대한의 배려를 아끼지 않으셨던 숙대 의무실 의사 선생님과 약사 선생님들께 진심으로 머리 숙여 감사를 올린다.

다가오는 '마지막 수업'

— 〈전통서정론〉 김유경 교수님

1.

학부형은 여기까지 들어오시면 안 된다고, 학부형 대기실에 가 계시라고 직원은 말했다. 내가 면접시험 치르러 온 학생이라고 말하자 그제야 명단을 확인하고는 미처 확인을 못했다고 송구스러워 하던 그녀의 모습과 그날의 기억이 엊그제 같은데 졸업할 날이 닥쳐오고 있다. 도둑과 같이 닥쳐오고 있다.

입학하기 전 컴퓨터를 배우는 시간이었다. 생전 처음 들어보는 excel, p.p.t, photo shop은 따라가기는새레 말조차 생소한 것이었다. 한 마디를 들으면 열 마디를 알아듣던 시절이 떠오르자 나잇값도 못하고 눈물이 쏟아졌다. 눈물을 훔치고 뒤에 앉은 학생에게 물었더니, '아주머니, 저도 잘 모르니 선생님한테 여쭤보시라'고 했다. 나는 학생이 아니라 아주머니였다. 지금도 그 컴퓨터교실

앞을 지나려면 가슴이 떨린다. 학교 신체검사 - 소변에 피가 섞였다는 결과로 긴장했으나 그것 때문에 입학이 취소되는 않았다. 소변으로 소량의 피가 늘 섞여 나오고 있다.

오른쪽 귀가 거의 안 들려서 나는 항상 앞쪽에 앉는다. 그래서 선생님의 질문에 대답을 할 수가 있었으나 돌아오는 버스에서는 늘 마음이 무거웠다. 자식들은 그렇게 앞에서 딱 딱 대답하다가 왕따 당한다고 국으로 가만히 있으면 중간은 간다고 말렸지만 나는 그 짓을 되풀이하는 하우불이下愚不移의 모델이었다. 그래도 나름대로 학교생활에 적응하는 나를 자식들은 대견해했고 나를 배려해주는 학생들을 고맙게 생각했다. 시험 볼 때 갑자기 생각이 나지 않아서 엉뚱한 한자를 썼을 때, 출제 의도를 제대로 파악 못해서 엉뚱한 답안지를 작성하고 나서는 너무 부끄러워 밤잠을 못자고 설쳤다. 그러나 솔직히 선생님께서는 나의 실력을 아시리라 생각했다. 나는 이심전심을 믿는 순한 마리아, 그러나 그것이 시험임을 내가 알아야 했건만. 기침하다가 속옷이 젖던 날, 학교 축제하는 날 나를 데리러 온 사람은 남편이었다.

궁금한 것이 있어도 학생에게 물어보지 못하고 냉가슴을 앓던 날이 많았고 아파서 학교 못 가게 되는 날이 제일 싫었다. 간신히 정신을 수습하고 큰딸을 재촉하여 학교에 가던 날, 그러나 하교시 나를 데리러 온 딸의 얼굴은 어두웠다. 나는 죄인처럼 딸의 눈치를 살폈다.

그 나이에 무슨 영화를 보겠다고 공부하느냐고 하던 시댁 식구의 말, 대학 나왔다고 글 잘 쓰는 건 아니라던 사람의 말. 남편이 병원에 입원하던 날 학교에 가겠다고 나서는 나를 쳐다보던 식구들의 세모진 눈, 입원실에서 등 · 하교하던 2006년 2학기, 그런데 그때의 학점이 제일 좋았다. 수업 도중 울리던 내 핸드폰, 얼른 꺼야 하는데 당황하니까 눈까지 보이지 않고, 선생님과 학우들의 시선은 온통 내게로 향하는데 아무리 뒤져보아도 보이지 않아 할 수 없이 가방을 들고 밖으로 나가던 1학년 때의 어느 날, 그날의 외국인 영어 교수님 생각이 난다. 내가 개량한복을 입고 교실에 들어가면 예쁘다고 만져보시고, 수업 중 제일 먼저 대답을 하면 'Thanks mom, you are an excellent student' 하시며 내 손을 잡아주시던 Shirley Vander Schaaf 교수님, 지금 어디 계실까.

젊은이들을 따라갈 수 없다는 패배감을 느낄 때, 아니 이기려고 해서는 안 된다는 주문을 받을 때, 열심히 공부했어도 학점이 좋지 않던 몇 몇 과목이 나를 슬프게 했다. 등록금을 마련해 줄 때마다 남편이 아버지 같아서 가슴이 뭉클하곤 했다. 새 학기가 되면 공책과 연필을 사주던 작은딸, 나를 실어 나르던 큰딸. 도서관의 책은 내 차례까지 오지 않았고 내 서재는 그렇게 하여 만들어졌다. 졸업사진은 찍고 싶지 않아서 미루다가 '신○○사건'이 나는 바람에 찍게 되었다. 이 나이에 대학생이라고 하면 누가 믿어주느냐는 사람들의 성화에 굴복한 것이다. 학사모를 쓰면서 배어나오던 눈물, 남몰래 훔치고 돌아서던 날 가을하늘은 감 붉게 익혀 놓고 혼자 푸르렀다. 하긴 사진 찍는 기사분도 처음엔 놀란 눈으로 나를 바라보았다. 동창회는 생각만 해도 우울하다.

2.

세상이 우울한 것만은 아니다. 공부하고 싶은 사람은 해야 된다며 내게 배려를 아끼지 않으신 성낙희 교수님, 나를 격려해주시고 나 때문에 수업분위기(혹시 노인정?)가 달라졌다고 늘 칭찬해주시던 권성우 교수님, 목표가 있으시다면 서둘러 졸업하실 것 없다고 하시던 최시한 교수님, 졸업을 하시게 되어서 얼마나 행복하냐고, 늘 기운을 북돋워주시던 구명숙 교수님, 나를 언니처럼 대해주시던 배영애 교수님에게선 시詩에 대한 엑스터시를 팍팍 느끼곤 한다. 드시던 빵도 반쪽 갈라서 내게 주시는 선생님, 학생들에게 시뿐만 아니라 여성으로서 살아갈 방법도 가르쳐 주시던 멋쟁이 선생님이시다. 배움과 가르치심의 궁합이 잘 맞았던 김유경 교수님과 나, 문화일보 수필 당선이 장한 것도 아니건만 내 손을 만지시며 접촉주술接觸呪術이라고 하시던 어여쁜 선생님이시다. 수업이 끝나면 꼭 살펴 가시라고 인사해주셔서 눈물이 나곤 하던 〈독일문화〉의 장영은 교수님, 리포트 잘 쓰셨다고 앞에 나가 읽어보라고 하시던 솜사탕 같은 〈결혼과 가족〉의 정미선 교수님, 시험답안지가 완벽했다고 칭찬해주시던, 천사같이 아름다우신 〈일본문화와 전통〉의 이지선 교수님, 나는 필기한 노트를 그 교수님께 기념으로 드렸다. 언젠가 교수님의 홈피에 들어가서 나의 희망이 시인이라고 했더니 기호님은 이미 시인이라고 하신 아름다우신 원조 서울대 얼짱이시다. 정말 열심히 하셨다고, 학교 횡단보도에서 만났을 때 내게 인사를 하셨던 〈중국어〉의 조덕창 교수님, 내가 경험했던 1960년대 얘기를 들으시고 새롭다고 하시던, 고조선시대 순하디 순한 흰사슴 같으신 〈한민족생활사〉의 강영경 교수님과 〈서양미술의 이해〉를 가르치신 홍진경 선생님은 참 멋쟁이셨다. 선생님이 그리우면 선생님께서 쓰신 책*들을 꺼내서 들춰보곤 한다.

이진아 교수님의 우리나라 연극사를 공부하는 시간이었다. 내가 카츄사 노래를 어려서 들은 일이 있다고 하니까 이진아 교수님께서 한 번 불러보라고 하셨다. 가사도 잊어버려 제대로 부르지 못했다. 수업 중 난데없는 노래에 학생들이 얼마나 황당했을까 생각하면 지금도 얼굴이 달아오른다. 이기호씨 같은 국문과후배를 두어서 행복하다고 말씀하시던 〈글쓰기와 읽기, 발표와 토론〉의 이은자 교수님, 나는 그 교수님보다 스무 살은 많았다. 한문을 잘 알고 잘 쓰셔서 놀랐다고 하시던 〈생활한문〉의 정현정 교수님, 공부하는 게 그렇게 좋으냐고 하시며 뵐 때마다 격려해주시던, 〈한국수필문학〉과 〈국문학과 사상〉의 박현숙 교수님, 나를 정말 이뻐해주셨던 백설공주같이 고우신 〈고전시가의 이해〉의 이정화 교수님, '공부가 너무 쉽죠' 하시던 소녀같으신 〈중세어 자료 강해〉와 〈국어학의 이해〉의 홍은진 교수님, 나는 〈한국미술사〉를 정말 완벽하게 이해하였다. 그러나 몸이 안 좋아 답안지는 아는 만큼 쓰지 못했다. 그것은 슬픔이었지만 나를 늘 미소로 맞아주시던 박아림 교수님 존경하는 마음은 지금도 변함없다. 순수, 그 자체이신 〈국어와 사회〉의 송경란 교수님, 잘 해내실지 궁금했는데 잘 따라 하셨다고 함박웃음을 지으시던 〈Sports Dance〉의 김우경 교수님, 비 오던 추운 날 내게 따스한 커피를 사주시던 〈현대소설론〉의 이미향 교수님, 깜찍이소다같이 정말 깜찍하게 고우신 〈생명과학의 이해〉의 임세현 교수님은 내게서 많은 용기를 얻었다고 말씀하셨다…… 갓 결혼하신 선생님의 행복을 기원한다.

내게서 에너지를 느낀다며 시를 써보라는 같은 과 선배 장윤경씨는 요즘 세상에선 보기 드문 아름다운 여성이다. 그리고 우리나라 희곡계를 등에 지고 나갈 아름다운 선배, 작가 전은숙님을 나는 사랑한다. 윤경씨와 은숙씨는 숙대에서의 내 소중한 결실이다. 아깝다고 공부 더 하라던 어린 선배 김주옥씨의 말에도, 졸업식에 와 보겠다는 어린 선배 김선현씨의 말에도, 영어박사 이미자씨도 나를 알게 되어 행복하다는 임봉빈씨도 숙대에서 얻은 열매들이다. 전통서정론 수업을 같이 듣는 예쁜 김민지, 이미영, 신정민, 이수진, 최지아, 신하련 학생과 아직 이름을 모르는 나머지 학생들도 나는 사랑한다. 말끝마다 '어머니, 대단하세요'를 연발하는 우리 며느리는 내가 알아 모셔야 할 숙대 선배인데 아들 둘을 낳아놓고 '섬기는 숙명 리더십'에 따라 나를 모시고 살고 있다.

학교에 가서 선생님들을 뵙는 것이 좋다고, 쥐가 간질이면 호습다고 좋아하다가 죽어가는 닭같이 세월 가는 줄 모르다가 4년이 갔다. 마지막 시간이 다가오면 나는 이제 더 이상 공부 안 해도 된다. 학교에도 오지 않아도 되고 시험도 보지 않아도 되고 그렇게 두려웠던 발표를 안 해도 된다. 모든 것이 다 자유다. 4년이란 세월이 이렇게 끝을 향해 가고 있다. 육십이란 나이도 먹었는데 4년의 세월이 무어란 말이냐.

학생들에게 모범이 되지 못하고 부끄럽던 일도 참 많았다. 그런 나를 이해해주고 배려해준 아름답고 이지적인 세계 최고 숙대 학생들에게, 내가 교수인줄 알고 늘 나에게 인사를 하시던 학교 정문 직원 여러분들께도 진심으로 머리 숙여 감사한다.

나는 행복하다. 아직 살아있으니 내 앞에 남아있는 인생의 문을 다시 열 것이다. 열기 위한 한옥의 문빗장처럼 그것을 열고 희망차게 나갈 것이다. 나는 절망과 좌절을 생각하기엔 아직 젊다.

이진주: 우와… 감동이에요! 졸업하시기 전까지 더더 즐거운 학교생활 되셨으면 좋겠네요. 2007-11-28 04:28

김유경: 이 아름다운 시절, 값진 시절. 황홀하게 빛나는 시절을 행복하게 일구어내신 후배님 아니, 선배님. 당신의 열정과 순수함에 저는 눈물을 흘렸습니다. 당신의 모습은 진정한 아름다움입니다. 2007-11-28 11:20

이기호: 교수님, 그리고 이진주님 감사합니다. 학창시절의 기록을 남기고 싶어서 글을 올려 여러분들을 불편하게 해드렸습니다. 교수님의 사랑에 찬 글월과 학우들의 댓글은 이다음에 발간할 저의 자서전과 제 가슴 속에 오래도록 남을 것입니다. 엎드려 감사 올립니다. 그리고 교수님 앞날의 무궁한 행운과 학우여러분들의 빛나는 앞날을 기원합니다. 2007-11-28 17:24

이미영: 교수님이 우셨다는 이야기 듣고 무슨 글인가 했는데, 저도 컴퓨터 앞에서 울고 있어요.(저도 안구건조증인데… 이거 안구건조증 특효약이네요) 공부는 이렇게 해야 하는 거라고,

너는 젊은데 왜 이렇게 밖에 못하냐고, 채찍질 하는 글 같기도 하고 .여러 모로 정말 대단하신 분 같아요. 선배님의 시집이 나오는 날! 제가 제일 먼저 사겠습니다. 2007-11-29 00:24

김민지: 에유. 그 누구보다 영특하시고 똑똑하시고 또 열심히 잘 하시는 분이시죠.^^ 정말이지 이기호 언니는 얼마나 열성이 있으시고 명철하신지 젊은 저의 수준으로 따라가기 어렵다고요. 뵐 때마다 공부에 열성을 다하는 모습과 성실한 모습 제가 얼마나 많이 배우는지 모릅니다. 또 존경의 마음이 들고요…. ^^ 함께 수업을 듣는 그 시간, 잠시 웃음으로 대화하던 그 시간이 참 기쁨이었음을 고백합니다. 2007-11-29 09:02

신정민: 글 읽고 감동받고 혼자 울었어요. 며칠 전 수업 몇 시간 전에 먼저 오셔서, 나무 아래서 무엇인가 읽으면서 계시던 선배님을 보았는데. 정말 좋아 보였습니다.(수업이 늦어 뛰어가던 저의 모습… 반성했지요) 저는 선배님을 보면서 용기를 많이 얻었는데. 졸업하시면 서운할 것 같아요. 몇 주 남지 않은 학기 소중하게 보내시길 바래요. 그리고 저도~~선배님 사랑합니다.^^ 2007-11-29 16:45

이기호: What shall I do? 이렇게 사랑을 받을 줄 예전엔 미처 몰랐어요. 그렇지만 여러분들이 훌륭한 분들이란 건 내일도 모레도 아니고 먼 훗날 그때 벌써 알았어요. 정말 감사합니다. 저보다 젊은 여러분들이 훌륭하셔서 얼마나 마음 든든한지 몰라요. 목소리랑 얼굴, 마음씨도 예쁜 민지씨랑 일취월장하는 미영씨랑 보조개랑 마음씨 예쁜

정민씨랑 사랑해요. 나머지 학생들도 다 사랑해요. 2007-11-29 18:20

* 홍진경 선생님이 쓰신 책에 ≪베로니카의 수건≫, ≪도상학의 이해1≫, 번역하신 책으로는 ≪당신의 미술관1≫ ≪당신의미술관2≫가 있다.

빛나는 졸업장과 책

졸업식 노래*를 부르며 초등학교 졸업을 할 때만 해도 중학교에 진학하는 일은 드문 일이었다. 대부분의 졸업생들은 이 노래를 들으며 부르며 참 많이 울고들 하였다. 중학교에 진학하게 되었기 때문에 나는 별로 울지는 않았는데 오늘 예순의 나이에 대학교를 졸업하면서 속으로 참 많이 울었다. 감기로 대엿새간 죽도록 앓으면서 졸업식에 참가해야 하는가 말아야 하는가를 놓고 무척 고민했었다. 그래도 끝까지 최선을 다해야 한다는 생각으로 졸업식에 참가했다. 머리가 강동한 게 보기 싫어서 파마를 했더니 헤어스타일은 영락없는 엉클 톰이었다.

그러나 어쩌랴, 내 머리인 걸, 일찌감치 미장원에 가서 드라이를 하고 학교로 갔다. 학교로 통하는 길은 온통 꽃, 꽃이었다. 우리들 삶이 이렇게 날구장창 꽃으로 장식할 수 있다면.

드디어 졸업식이다. 참으로 아름다운 정경, 그러나 젊은이들 세상이었다. 거기에 낀 것만도 행복했다.

아무도 내 다리에 불빛을 비춰주지 않았다. 그래도 성낙희 교수님께서 장하다고 하시며 내 등을 두드려 주셨고, 미국에서 박사과정 중인 사위와 석사공부를 하고 있는 작은딸은 전화로 축하해 주었고, 남편과 아들, 큰딸과 며느리, 손자 둘과 외손자, 외손녀와 여동생과 두 조카들이 참여해서 나의 졸업을 축하해주었다. 여성문학인회장이신 이옥희 선생님도, 직장 동료였던 용옥이와 순식이도 나를 축하하러 달려왔다. 늙은 학생 젊어지라고 동료 수필가 모임인 그레이스수필문우회 회원들은 화장품을 선물해줬다. 잠자는 나를 깨워서 공부하도록 부추긴 중학교 동창 보배는 그야말로 내게 보배 같은 친구이다. 그녀도 석순이도, 군자, 순애, 영희, 명숙이, 성자, 종원이, 혜숙이도 연락만 했으면 구름같이 밀려왔을 것이다. 내가 사랑하는 선배이며 후배인 윤경씨는 진정으로 졸업을 축하해 주었다. 지금도 전화로 안부를 묻는, 나랑 같이 졸업하는 영문과 수석인 임봉빈씨 하며……. 이들의 모든 축하에 머리 숙여 감사한다.

부탁해놓은 책이 있어서 학교 앞에 있는 〈숙명인서점〉에 갔다. 졸업하고 나니 학교에 가는 마음이 예전과는 달랐다. 열정으로 몸이 끓던 그때가 봄날이었다. 이제는 가버린 꿈같은 그날들이…….

그 서점 사장님께서 졸업식이 있던 날 책방에 많이 들른 나에 대한 보답이라면서 책 한 권**을 마련해 놓으시고서 내가 오기를 기다리셨다는 것이다.

누군가 나를 위해서 기도하기 때문에 우리들의 눈물은 전혀 예상하지 않은 곳에서 마를 수가 있다. 이 고마움에 보답을 할 것이라고 결심을 하면서 어두워가는 석양을 등에 지고 집으로 돌아왔다.

내일은 내일의 태양이 뜰 것이다.

* "빛나는 졸업장을 타신 언니께 꽃다발을 한 아름 선사합니다. 물려받은 책으로 공부를 하여 우리들도 언니 뒤를 따르렵니다."

** 문학과 지성사, ≪한국문학선집 1900~2000 '시'≫

이기호 수필집
아름다운 날들

인쇄 2015년 01월 15일
발행 2015년 01월 19일

지은이 이기호
발행인 서정환
펴낸곳 인간과문학사
주소 서울시 종로구 삼일대로 32길 36(익선동 30-6 운현신화타워 빌딩) 305호
전화 (02) 3675-3885, (063) 275-4000
팩스 (063) 274-3131
이메일 human3885@naver.com inmun2013@hanmail.net
출판등록 제300-2013-10호
인쇄 · 제본 신아출판사

ISBN 979-11-5605-171-8 03810
값 10,000원

이 도서의 국립중앙도서관 출판예정도서목록(CIP)은 서지정보유통지원시스템 홈페이지(http://seoji.nl.go.kr)와 국가자료공동목록시스템(http://www.nl.go.kr/kolisnet)에서 이용하실 수 있습니다.(CIP제어번호: CIP2015000262)

Printed in KOREA